"高质量发展建设共同富裕示范区"系列丛书

创新驱动

实现共同富裕的必由之路

黄 灿 金 珺 吴 东 等——著

ZHEJIANG UNIVERSITY PRESS
浙江大学出版社
·杭州·

图书在版编目（CIP）数据

创新驱动：实现共同富裕的必由之路 / 黄灿等著.
杭州：浙江大学出版社，2025. 4. -- ISBN 978-7-308
-26027-5

Ⅰ. F124.7

中国国家版本馆 CIP 数据核字第 2025QK1323 号

创新驱动：实现共同富裕的必由之路

CHUANGXIN QUDONG：SHIXIAN GONGTONG FUYU DE BIYOUZHILU

黄 灿 金 珺 吴 东 等著

策划编辑	张 琛 吴伟伟 陈佩钰
责任编辑	梅 雪
责任校对	刘婧雯
封面设计	雷建军
出版发行	浙江大学出版社
	（杭州市天目山路 148 号 邮政编码 310007）
	（网址：http://www.zjupress.com）
排 版	浙江大千时代文化传媒有限公司
印 刷	杭州宏雅印刷有限公司
开 本	710mm×1000mm 1/16
印 张	13
字 数	149 千
版印次	2025 年 4 月第 1 版 2025 年 4 月第 1 次印刷
书 号	ISBN 978-7-308-26027-5
定 价	78.00 元

浙江省文化研究工程指导委员会

丛书专家委员会

主　任　任少波
成　员　朱卫江　郭华巍　盛世豪　魏　江

浙江文化研究工程成果文库总序

有人将文化比作一条来自老祖宗而又流向未来的河，这是说文化的传统，通过纵向传承和横向传递，生生不息地影响和引领着人们的生存与发展；有人说文化是人类的思想、智慧、信仰、情感和生活的载体、方式和方法，这是将文化作为人们代代相传的生活方式的整体。我们说，文化为群体生活提供规范、方式与环境，文化通过传承为社会进步发挥基础作用，文化会促进或制约经济乃至整个社会的发展。文化的力量，已经深深熔铸在民族的生命力、创造力和凝聚力之中。

在人类文化演化的进程中，各种文化都在其内部生成众多的元素、层次与类型，由此决定了文化的多样性与复杂性。

中国文化的博大精深，来源于其内部生成的多姿多彩；中国文化的历久弥新，取决于其变迁过程中各种元素、层次、类型在内容和结构上通过碰撞、解构、融合而产生的革故鼎新的强大动力。

中国土地广袤、疆域辽阔，不同区域间因自然环境、经济环境、社会环境等诸多方面的差异，建构了不同的区域文化。区域文化如同百川归海，共同汇聚成中国文化的大传统，这种大传统如同春风化雨，渗透于各种区域文化之中。在这个过程中，区域文化如同清溪山泉潺潺不息，在中国文化的共同价值取向下，以自己的独特个性支撑着、引领着本地经济社会的发展。

从区域文化入手，对一地文化的历史与现状展开全面、系统、扎实、有序的研究，一方面，可以藉此梳理和弘扬当地的历史传统和文化资源，繁荣和丰富当代的先进文化建设活动，规划和指导未来的文化发展蓝图，增强文化软实力，为全面建设小康社会、加快推进社会主义现代化提供思想保证、精神动力、智力支持和舆论力量；另一方面，这也是深入了解中国文化、研究中国文化、发展中国文化、创新中国文化的重要途径之一。如今，区域文化研究日益受到各地重视，成为我国文化研究走向深入的一个重要标志。我们今天实施浙江文化研究工程，其目的和意义也在于此。

千百年来，浙江人民积淀和传承了一个底蕴深厚的文化传统。这种文化传统的独特性，正在于它令人惊叹的富于创造力的智慧和力量。

浙江文化中富于创造力的基因，早早地出现在其历史的源头。在浙江新石器时代最为著名的跨湖桥、河姆渡、马家浜和良渚的考古文化中，浙江先民们都以不同凡响的作为，在中华民族的文明之源留下了创造和进步的印记。

浙江人民在与时俱进的历史轨迹上一路走来，秉承富于创造力的文化传统，这深深地融汇在一代代浙江人民的血液中，体现在浙江人民的行为上，也在浙江历史上众多杰出人物身上得到充分展示。从大禹的因势利导、敬业治水，到勾践的卧薪尝胆、励精图治；从钱氏的保境安民、纳土归宋，到胡则的为官一任、造福一方；从岳飞、于谦的精忠报国、清白一生，到方孝孺、张苍水的刚正不阿、以身殉国；从沈括的博学多识、精研深究，到竺可桢的科学救国、求是一生；无论是陈亮、叶适的经世致用，还是黄宗羲的工商皆本；无论是王充、王阳明的批判、自觉，还是龚自珍、蔡元培的开明、开放，等等，都展示了浙江深厚的文化底蕴，凝聚了浙江人民求真务实的创造精神。

代代相传的文化创造的作为和精神,从观念、态度、行为方式和价值取向上,孕育、形成和发展了渊源有自的浙江地域文化传统和与时俱进的浙江文化精神,她滋育着浙江的生命力、催生着浙江的凝聚力、激发着浙江的创造力、培植着浙江的竞争力,激励着浙江人民永不自满、永不停息,在各个不同的历史时期不断地超越自我、创业奋进。

悠久深厚、意韵丰富的浙江文化传统,是历史赐予我们的宝贵财富,也是我们开拓未来的丰富资源和不竭动力。党的十六大以来推进浙江新发展的实践,使我们越来越深刻地认识到,与国家实施改革开放大政方针相伴随的浙江经济社会持续快速健康发展的深层原因,就在于浙江深厚的文化底蕴和文化传统与当今时代精神的有机结合,就在于发展先进生产力与发展先进文化的有机结合。今后一个时期浙江能否在全面建设小康社会、加快社会主义现代化建设进程中继续走在前列,很大程度上取决于我们对文化力量的深刻认识、对发展先进文化的高度自觉和对加快建设文化大省的工作力度。我们应该看到,文化的力量最终可以转化为物质的力量,文化的软实力最终可以转化为经济的硬实力。文化要素是综合竞争力的核心要素,文化资源是经济社会发展的重要资源,文化素质是领导者和劳动者的首要素质。因此,研究浙江文化的历史与现状,增强文化软实力,为浙江的现代化建设服务,是浙江人民的共同事业,也是浙江各级党委、政府的重要使命和责任。

2005年7月召开的中共浙江省委十一届八次全会,作出《关于加快建设文化大省的决定》,提出要从增强先进文化凝聚力、解放和发展生产力、增强社会公共服务能力入手,大力实施文明素质工程、文化精品工程、文化研究工程、文化保护工程、文化产业促进工程、文化阵地工程、文化传播工程、文化人才工程等"八项工程"，实施科教兴国和人才强国战略，加快建设教育、科技、卫生、体育等"四个强省"。作为文化建设"八项工程"之一的文化研究工程，其任务就是系统研究浙江文化的历史成就和当代发展，深入挖掘浙江文化底蕴、研究浙江现象、总结浙江经验、指导浙江未来的发展。

浙江文化研究工程将重点研究"今、古、人、文"四个方面，即围绕浙江当代发展问题研究、浙江历史文化专题研究、浙江名人研究、浙江历史文献整理四大板块，开展系统研究，出版系列丛书。在研究内容上，深入挖掘浙江文化底蕴，系统梳理和分析浙江历史文化的内部结构、变化规律和地域特色，坚持和发展浙江精神；研究浙江文化与其他地域文化的异同，厘清浙江文化在中国文化中的地位和相互影响的关系；围绕浙江生动的当代实践，深入解读浙江现象，总结浙江经验，指导浙江发展。在研究力量上，通过课题组织、出版资助、重点研究基地建设、加强省内外大院名校合作、整合各地各部门力量等途径，形成上下联动、学界互动的整体合力。在成果运用上，注重研究成果的学术价值和应用价值，充分发挥其认识世界、传承文明、创新理论、咨政育人、服务社会的重要作用。

我们希望通过实施浙江文化研究工程，努力用浙江历史教育浙江人民、用浙江文化熏陶浙江人民、用浙江精神鼓舞浙江人民、用浙江经验引领浙江人民，进一步激发浙江人民的无穷智慧和伟大创造能力，推动浙江实现又快又好发展。

今天，我们踏着来自历史的河流，受着一方百姓的期许，理应负起使命，至诚奉献，让我们的文化绵延不绝，让我们的创造生生不息。

2006 年 5 月 30 日于杭州

总　序

　　本丛书源于党的十九届五中全会的报告。报告明确提出，到 2035 年基本实现社会主义现代化远景目标，并首次提出"全体人民共同富裕取得更为明显的实质性进展"。随后，2021 年 6 月 10 日，《中共中央 国务院关于支持浙江高质量发展建设共同富裕示范区的意见》发布，浙江省被赋予高质量发展建设共同富裕示范区的光荣使命。我作为浙江省政协智库专家、浙江省特色智库的负责人，参与了关于支持浙江省高质量发展建设共同富裕示范区的研究工作，在讨论过程中意识到社会对如何实现共同富裕有一些不正确的认识，比如，有人认为共同富裕就是"杀富济贫"，就是"平均主义"。我在 2021 年 6 月就发表了自己的鲜明观点，"共同富裕必须建立在财富创造的基础上，而不是在财富分配的基础上"。

　　为了积极响应党和国家提出的"共同富裕"这一重大命题，引导整个社会正确认识"共同富裕"，管理学者应该要向社会传递正确的认识，应该以管理理论视野去提出思路，应该扎根浙江探索面向共同富裕的管理理论。于是，2017 年在学校统战部领导下，浙江大学管理学院召集学院民主党派、无党派人士代表召开了"共同富裕示范区"建设研讨会，会后，管理学院设立了"共同富裕"专项系列研究课题，集结全院优秀师资，从管理学的多角度总结浙江经验，分析问题挑战，凝练理论逻辑，以期为浙江省高质量发展建设共同富裕示范区贡献浙大智慧。

共同富裕是社会主义的本质要求，是人民群众的共同期盼。在高质量发展中扎实推动共同富裕需要理论创新、实践创新、制度创新、文化创新。管理学院"共同富裕"专项研究预研课题正是基于"国家所需、浙江所能、群众所盼、未来所向"的原则，扎实依托管理学理论基础，充分调研浙江省基层实践经验，深度参与体制机制和政策框架建设，全面探究浙江省域文化创新，期望为实现共同富裕提供理论思路和浙江示范。

锲而不舍，终得收获。经过一年多的努力，"共同富裕"系列丛书终得面世。本套丛书遵循"创造财富—分配效益—共同富裕"的逻辑，结合浙江大学管理学院的学科特色优势，从创新、创业、数字化改革、文旅产业、数智医疗、新式养老、社会责任等方面总结浙江在探索"共同富裕"道路上的有效做法及其背后的管理理论。这些出版的专著包括《社会创业：共同富裕的基础力量》《优质共享：数智医疗与共同富裕》《成人达己：社会责任助力共同富裕》《五力祐老：共同富裕下的新式养老》《创新驱动：实现共同富裕的必由之路》《数智创富：数字化改革推进共同富裕》《美美与共：文旅产业赋能浙江乡村蝶变》七本著作（见图0-1），这些专著背后的理论根基恰好是我们的学科优势，比如，全国领先的创新管理和创业管理学科，文旅产业、养老产业等特色领域，以及数智创新与管理交叉学科。

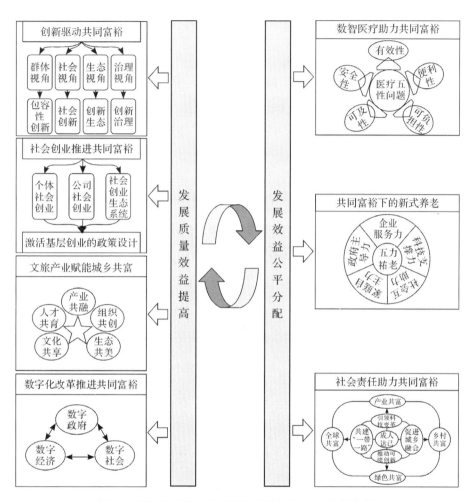

图 0-1　"高质量建设共同富裕示范区"系列研究总体框架

本丛书是中国统一战线理论研究会非公有制经济人士统战工作理论浙江研究基地（以下简称基地）的成果。该基地由中共中央统战部批准，受中国统一战线理论研究会领导，由浙江省委统战部、浙江大学党委统战部和浙江大学管理学院联合组建。基地发挥浙江大学管理学院在非公有制经济和非公有制经济人士研究的学科优势和浙江省非公经济发展的区位优势，聚焦促进非公有制经济健康发展和非公有制经济人士健康成长，开展科学研究、人才培养和政策研究，是新时代的新型高校智库。丛书的高质量、高效率完成和出版，要特别感谢浙江大学党委书记任少波教授的鼓励和支持，他亲自担任该丛书的专家委员会主任，指导我们的研究工作；要特别感谢浙江省社科联党组书记郭华巍，浙江省社科联主席盛世豪，浙江省委副秘书长、政策研究室主任朱卫江，浙江大学副校长黄先海等专家的指导和评审；要特别感谢谢小云、黄灿、刘渊、邢以群、应天煜、莫申江、沈睿、刘玉坤等作者的辛苦付出；还要特别感谢朱原、杨翼、蒋帆、刘洋、张冠宇等在项目推进中的大量协调和联络工作。此外，要特别感谢浙江省人大常委会代表工作委员会副主任谢利根和浙江省社科联规划处副处长黄获先生的大力支持，使得本丛书获得"浙江文化研究工程"立项。

丛书初稿完成时，正值党的二十大胜利闭幕，党的二十大报告强调"全体人民共同富裕的现代化"是中国式现代化的一个重要内涵。因此，本套丛书的出版也是学习贯彻落实党的二十大精神的成果。苟日新，日日新，又日新。共同富裕是中国特色社会主义的本质要求，也是一个长期的历史过程。让我们一起坚定信心、同心同德，埋头苦干、奋勇前进，美好生活图景正在更广阔的时空尽情铺展。

魏 江

2025 年春于紫金港

目　录

第一章

绪　论

第一节　创新、经济发展与收入增长

一、创新是从根本上打开增长之锁的钥匙

创新是将科学技术引入经济社会系统,以生产要素的重新组合实现经济社会的高质量发展。社会进步和经济发展,本质是一部由科技创新推动的发展史。创新驱动经济发展,这是经济思想中一个公认的事实。现代发展经济学理论认为,围绕科技进步出现的产品创新、流程创新、市场创新、组织创新、商业模式创新等,已经成为推动一国人均经济生产率持续提升的动力源泉。第二次世界大战后的日本、韩国、以色列、新加坡等国家,正是充分依靠创新驱动,从贫弱国家一跃成为经济总量富强、国民收入富裕的世界经济强国。

经济成长阶段理论认为,现代经济发展实质是一种产业结构转变的过程,即特定的经济发展阶段必须与特定的产业结构转变相对应。产业

结构的优化与提升是人类经济社会发展到特定阶段的产物，其总体目标是资源配置最优化和宏观效益最大化，实现产业结构高级化和合理性，最终实现经济的可持续增长。产业结构转型背后最重要的推动力是科技创新。现代科技不断发展出新技术、新产品和新产业组织。而这些新兴的组织凭借自身领先的科技力量，能够迅速集聚各种优势资源，持续扩大生产规模，进而创造出新的产业部门、新的商业形态和新的就业机会，最终形成一个高度发达的经济体。

中国高度重视科技创新，并建成了支撑科技创新和经济增长的完善的国家创新体系。世界知识产权组织（WIPO）发布的《2023年全球创新指数报告》显示，中国的全球创新指数排名上升到第12位，不仅位列中等收入国家第一，也是首个进入全球最具创新能力国家20强的中等收入国家。中国创新指数的提高反映出科技对国民经济发展的巨大贡献。一国经济若要获得长久稳健的发展，就一定要重视和掌握科技创新，真正依靠科技力量驱动经济发展。

面临国内经济社会发展增速放缓的巨大挑战，积极推进国家创新驱动发展战略，大力推进产业结构优化转型，是新发展格局下国内经济社会发展的未来方向。虽然中国经济规模已位居世界第2位，但由于人口数量庞大，我国人均收入水平与发达国家之间仍存在一定差距。因此，把握转型契机，不断实现国民经济快速增长，已成为进一步缩小与发达国家居民收入水平差距的关键。中国正处在经济增长换挡期、结构调整阵痛期、前期刺激性政策措施消化作用期之间的"三期叠加"阶段，随着国内经济社会增长放缓、负担增大，如何找好保增长与调结构之间的平衡点，是我国经济社会发展面临的又一重大任务。

因此,我国应该坚决落实国家创新驱动发展战略,加速推动产业结构转型,增加以技术创新驱动的经济发展新动能,促成国民经济增长新模式,促进我国社会科学创新发展、技术率先蓬勃发展,不断提高国民收入水平,最终实现共同富裕。

二、以创新驱动构建橄榄型分配结构

一个相对合理的社会组织收入分配体系会呈现出橄榄型的社会结构,即两端小、中间大,又叫作以中间阶层为主体的收入分配体系。从社会学层面上讲,中间阶层的发展导致原来对立的贫富两极之间出现了一种连续性的排列,每个人都可以看见拾级而上的希望,也可以缓解人们内部蕴蓄的对立情绪,还可以解决由此产生的一系列社会问题。我国的社会结构就是在朝着这种目标前行。2013 年 11 月 12 日,党的十八届三中全会审议通过的《中共中央关于全面深化改革若干重大问题的决定》提出全面深化改革的目标要"紧紧围绕更好保障和改善民生、促进社会公平正义深化社会体制改革,改革收入分配制度,促进共同富裕"。2016 年 5 月 16 日,习近平总书记在中央财经领导小组第十三次会议上强调:"扩大中等收入群体,关系全面建成小康社会目标的实现,是转方式调结构的必然要求,是维护社会和谐稳定、国家长治久安的必然要求。"①2021 年 8 月 17 日,习近平总书记在中央财经委员会第十次会议上强调:"要坚持以人民为中心的发展思想,在高质量发展中促进共同富裕,正确处理效率和公平的关系,构建初次分配、再分配、三次分配协调配套的基础性制度安排,加

---

① 坚定不移推进供给侧结构性改革　在发展中不断扩大中等收入群体[N]. 人民日报,2016-05-17(1).

大税收、社保、转移支付等调节力度并提高精准性,扩大中等收入群体比重,增加低收入群体收入,合理调节高收入,取缔非法收入,形成中间大、两头小的橄榄型分配结构,促进社会公平正义,促进人的全面发展,使全体人民朝着共同富裕目标扎实迈进。"①2024 年 7 月 18 日,党的二十届三中全会通过了《中共中央关于进一步全面深化改革 推进中国式现代化的决定》,提出进一步全面深化改革的目标是"推动人的全面发展、全体人民共同富裕取得更为明显的实质性进展"。创新驱动共同富裕的路线图,要加快社会群体收入分配结构从"金字塔型"向"橄榄型"转变,提低、扩中、调高三招并举,让整个社会群体都能成为创新的参与者和受益者(见图 1-1)。

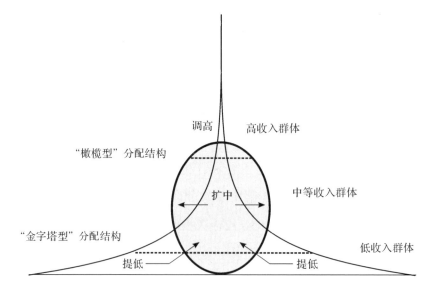

图 1-1 构建橄榄型分配结构

---

① 在高质量发展中促进共同富裕 统筹做好重大金融风险防范化解工作[N].人民日报,2021-08-18(1).

橄榄型分配结构有利于推动经济转型升级,实现经济的可持续增长。从全球视野看,许多发达国家基本已形成了橄榄型分配结构,如瑞士、澳大利亚、荷兰等。世界银行将中等收入标准定为成年人每天收入 10—100 美元,换算为人民币,约为年收入 2.5 万—25 万元。按此标准估算,我国中等收入群体大致占 30%—40%。

中等收入群体是指一定时期内,收入稳定、家庭殷实、生活舒适、消费水平和生活方式与经济社会发展水平相适应的群体。根据国家统计局住户收支与生活状况调查,按照三口之家家庭年收入的中等收入家庭标准,我国年收入在 10 万元到 50 万元之间的家庭有 1.4 亿左右,中等收入群体已超过 4 亿人[①],约占总人口的 30%。

2017 年 12 月的中央经济工作会议宣布我国已经形成了世界人口最多的中等收入群体[②]。数量虽多,但占比不大,是我国中等收入人群的主要特征。而且,我国国内中等收入人群内部也面临人均收入不平衡的问题。

2021 年,浙江省人民政府新闻办公室举行"建设示范区 迈向新征程"系列发布会,会上指出,对于浙江而言,基本形成以中等收入群体为主体的橄榄型社会结构的一个核心指标是到 2025 年,家庭年可支配收入(以三口之家来算)10 万—50 万元的群体比例要达到 80%、20 万—60 万元的群体比例要力争达到 45%,这是浙江省"扩中""提低"的目标。要坚持系统观念,通过促增收,全面拓宽居民增收渠道;优分配,创新完善分配

---

① 国家发展和改革委员会规划司."十四五"规划《纲要》名词解释之 237|中等收入群体[EB/OL].(2021-12-24)[2024-01-03]. https://www.ndrc.gov.cn/fggz/fzzlgh/gjfzgh/202112/t20211224_1309504_ext.html.

② 中央经济工作会议在北京举行[N].人民日报,2017-12-21(1).

调节机制；强能力，加大普惠性人力资本投入；重帮扶，加强困难群体帮扶；提品质，全力减轻不合理负担等五大路径，积极探索构建橄榄型社会结构①。

三、中低收入人群是创新驱动共同富裕的重点对象

实现共同富裕是一项长远的任务，同样地，扩大中等收入人群规模以构建橄榄型收入分配结构社会也将是一个长期的奋斗目标。

《中华人民共和国国民经济和社会发展第十四个五年规划和 2035 年远景目标纲要》提出，实施扩大中等收入群体行动计划，以高校和职业院校毕业生、技能型劳动者、农民工等为重点，不断提高中等收入群体比重。

高等教育职业院校学生群体数量多，受教育水平和知识层次较高，具有初步形成中等收入人群的潜力。根据他们的文化水平和劳动能力水平，该人群大多从事的不是单纯重复劳动或者基本没有技术含量的工种，从而具有形成中等收入人群的实际可能性。

技能型劳动者是"十四五"时期经济高质量发展所需的重要人才。人力资源和社会保障部发布的数据显示，我国技能劳动者已超过 2 亿人，占就业人口总量的 26%，其中高技能人才超过 5000 万人②。如果 2 亿技能劳动者成为我国中等收入群体的重要组成部分，则能够对扩大内需发挥巨大作用。

在制定增长中等收入群体比重的政策时，政府一方面要引导越来越

---

① 浙江省人民政府新闻办公室.浙江举行"建设示范区 迈向新征程"系列发布会（第一场）［EB/OL］.（2021-09-18）［2024-01-03］. http://www.scio.gov.cn/xwfb/dfxwfb/gssfbh/zj_13836/202307/t20230726_748346.html.

② 李心萍.我国技能劳动者已超过 2 亿人［N］.人民日报,2020-12-19（4）.

多的低收入群体加入中等收入群体队伍,另一方面要平衡现有中等收入群体的收入增长,并创造条件激活中低收入群体的就业、创新等积极性。另外,政府还需健全针对较高收入人群的收入分配机制,以形成初次分配、再分配、第三次分配协调配套的制度体系,鼓励资本持有者对科技创新及其相关工作的投资和支持。

在中国大中城市,房子、教育、就医和养老等巨大的生存成本,影响了都市工薪阶层积聚财富的力量,抑制了城市中等收入人群的收入成长。而控制房价、稳定物价、促进教育机会平等、推进新医改和健全社会保障制度等,不但可以增加中低收入者向上流动的机会,而且可以减少中等收入人群的脆弱感和不安感。

分好经济增长收益"蛋糕"的前提是以创新驱动做大"蛋糕"。保证国民经济长期健康平稳发展是增加中等收入人口的经济基础。随着我国企业不断依靠技术创新带动经济增长,将会有更多的低收入和中间偏下的人群转变为中等收入人群。

四、创新驱动共同富裕的历史经验与挑战

"共同富裕"是经济发展和劳动力增长博弈的结果。1960—1980年,拉美、西欧、日本都曾经实现过他们定义的"共同富裕",他们当时都处于经济高速增长期,而后来的失败或转型又都是因为经济发展出现停滞。经济增长如此重要,原因在于三点:第一,经济增长意味着做大"蛋糕",即使收入分配是不均等的,每一个人也获得了比此前更好的收入;第二,经济增长能够使税收得到保障,政府才能实现"再分配"以及提供公共服务的功能;第三,更重要的是经济增长带来了就业和职业升级的机会,而职

业决定了国民的自我定位和社会满意度。经济增长减速时，不少国家都选择进行"新自由主义"改革，削减财政支出、减少政府干预，以求恢复经济增长，然而这些举措反而造成了社会不公平、贫困人口增加、贫富差距拉大、社会凝聚力减弱。

科技创新是长期促进"共同富裕"的关键支撑。第一，技术创新有助于促进数字经济的健康成长，为经济创造新动力，并为扎实推进人类共同富裕、经济社会发展夯实了重要基础。而互联网、人工智能、虚拟现实、新一代人工智能、区块链等新信息技术的发展，正不断渗透到中国经济发展各方面的全过程，全国各地政府竞相出台数据经济发展规划、实施激励措施，数字经济的成长速度之快、覆盖领域之宽、辐射范围之广，史无前例。与此同时，数字发展也成为我国科技发展的主要战略目标之一，包括计算机技术、通信、数据业务等多种科技密集型产业。第二，用科学发展促进环保发展，为扎实推进共同富裕奠定了低碳的基础。良好生态环境是最普惠的福利。党的十九大报告指出，我们要建设的现代化是人与自然和谐共生的现代化，既要创造更多物质财富和精神财富以满足人民日益增长的美好生活需要，也要提供更多优质生态产品以满足人民日益增长的优美生态环境需要。第三，以高技术创新能力支持工业发展与城市区域统筹发展，以经济高效发展实现社会共同富裕。夯实发展地方实体经济根基，促进地区统筹发展和城乡一体发展，这是人类实现社会共同富裕的必然条件。在助力国家战略性创新型产业建设的领域中，要加强科技研究支持能力，提升企业技术创新能力，积极引导龙头企业牵头成立技术创新联盟，做好"卡脖子"项目的科技攻关，破解好行业技术创新共性难题，做优做大生物健康、新材料、量子技术等战略性创新型产业和未来领域，形成国家战略性创新型产业和未来领域集群。

税制改革、职业教育是实现"共同富裕"的必经之路。税收的累进性有利于公平,即让更富裕的阶层承担更多的税负,通常来说具有累进性的税是直接税(财产税、企业所得税和个人所得税),而间接税(增值税、消费税)则相反。从西欧、拉美、日本的经验来看,对于"三座大山"——住房、教育、医疗,没有一套全球通行的"好的"政策标准,各国都在不同时期反复进行改革,但教育一直都备受重视且从未由于削减社会支出而被搁置。各国尤其重视中等教育和职业教育,核心目的是提高国民的劳动素养、促进就业。如果参照全球经验以"就业"作为核心,将会有几点重要结论:第一,政策导向将可能偏向于就业,鼓励提供工作岗位的产业发展,经验数据表明,金融业、建筑业、公共管理、教育、卫生是大量提供就业岗位的产业,而水利、农林牧渔、电力热力及水的供应业、文化和娱乐产业对就业的贡献则不明显;第二,要扩大就业,得使劳动者具备充分的就业能力,职业教育可能获得较大发展;第三,"共同富裕"中的就业是能够实现职业升级的就业,碳减排、技术改进、掌握资源是可能的破局之道;第四,税制改革是必经之路,财产性收入会受到更强的调节;第五,从瑞典的经验来看,在经济发展趋缓的时期,为了应对转型时期的社会福利成本问题,具备"护城河"和垄断利润的组织和个人,可能需要在未来承担更多的社会责任;第六,对劳动者的保护意味着工资通胀可能成为物价水平的长期驱动因素之一。

全球化、老龄化将对"共同富裕"形成双重挑战。一方面,新人力资本流动性超过旧人力资本,经济全球化也增强了新人力资本的流动性,这不利于稳定和扩大税基。最关键的是,劳动力市场也很容易遭遇外来人口的冲击，由此使劳动者对资产市场的议价力进一步减弱，抑制了收入进一步增长的可能性。另一方面，老龄化给"共同富裕"带来的困扰是多重的，它不仅加重了社会福利系统的负担和公共开支，而且照料老人的义务也会使家庭成员在就业和收入上受到很大制约，甚至有使家庭陷入贫困的风险。中国老年人口规模庞大，自 2000 年迈入老龄化社会之后，中国人口老龄化程度持续加深。2021 年末中国 60 周岁及以上人口约 2.67 亿人，占全国人口的 18.9%[①]。预计"十四五"期间老年人口将超过 3 亿人，从轻度老龄化阶段进入中度老龄化阶段[②]。老龄化可能是追求"共同富裕"的过程中需要解决的一个重大课题。

"共同富裕"的发展道路离不开体制机制的改革。新兴经济体如印度、马来西亚、波兰等国家，在探索自身经济发展、实现共同富裕的道路上，都经历了政治体制改革和经济改革，并在不断实践中摸索总结出了具有独特性、代表性和参考性的经济发展模式。例如，马来西亚针对国内尖锐的民族问题提出了创新性的经济政策，为实现国家现代化和民族关系和谐的双赢提供了有效路径。在不同的历史时期，各国追求共同富裕的方法和战略也有所不同，如印度在 20 世纪依靠服务业驱动经济高速发展，21 世纪又转向了卓越性创新与包容性创新并举的"印度创新模式"。

进入 21 世纪，技术创新的意义日益突出，全世界各国将不断推动对共同富裕途径的探讨，科学技术发展、包容性发展等作为热点探讨话题，引起科学界和政府部门的高度重视。如何通过创新实现经济飞跃、推动

---

① 国家统计局. 中华人民共和国 2021 年国民经济和社会发展统计公报［EB/OL］.（2022-02-28）［2024-01-03］. https://www.stats.gov.cn/sj/zxfb/202302/t20230203_1901393.html.

② 李心萍. 就业将延续总体平稳态势［N］.人民日报，2021-02-27(2).

共同富裕成为时代主题。

第二节　创新驱动共同富裕的政策演进

一、共同富裕概念的首次提出

中共中央于 1953 年 12 月 16 日通过了《关于发展农业生产合作社的决议》，在这份由毛泽东同志亲自主持起草的决议中，首次出现了"共同富裕"的概念。毛泽东同志强调，"党在农村中工作的最根本的任务，就是要善于用明白易懂而为农民所能够接受的道理和办法去教育和促进农民群众逐步联合组织起来，逐步实行农业的社会主义改造……使农民能够逐步完全摆脱贫困的状况而取得共同富裕和普遍繁荣的生活"[①]。"共同富裕"一词自此开始在《人民日报》等主要报刊中频繁出现。

1955 年 7 月 31 日，毛泽东同志在中共中央召开的省委、市委和区党委书记会议上作《关于农业合作化问题》的报告，再一次明确，要"在逐步地实现社会主义工业化和逐步地实现对于手工业、对于资本主义工商业的社会主义改造的同时，逐步地实现对于整个农业的社会主义的改造，即实行合作化，在农村中消灭富农经济制度和个体经济制度，使全体农村人民共同富裕起来"[②]。在当时党内对于农业合作化问题存在意见分歧和激烈斗争的背景下，毛泽东同志坚定地提出了通过实行农业合作化实现

[①]　中央档案馆，中共中央文献研究室.中共中央文件选集（1949 年 10 月—1966 年 5 月）（第十四册）[M].北京：人民出版社，2013：443-444.

[②]　毛泽东.关于农业合作化问题[M].北京：人民出版社，1964：32.

共同富裕的发展道路。

二、共同富裕思想的发展与创新驱动

1978年以后，邓小平同志将"共同富裕"上升为社会主义的本质，并开辟了实现共同富裕的新途径，即让一部分地区、一部分人先富起来，先富带动后富，最终实现共同富裕。1978年9月20日，邓小平同志在天津考察时引用毛泽东同志的话，第一次明确提出了"先让一部分人富裕起来"的重要思想。他说："现在不能搞平均主义。毛主席讲过先让一部分人富裕起来。好的管理人员也应该待遇高一点，不合格的要刷下来，鼓励大家想办法。"①1978年12月13日，邓小平在中共中央工作会议闭幕会上作《解放思想，实事求是，团结一致向前看》讲话，提出要允许一部分地区、一部分企业、一部分工人农民，由于辛勤努力成绩大而收入先多一些，生活先好起来。一部分人生活先好起来，就必然产生极大的示范力量，影响左邻右舍，带动其他地区、其他单位的人们向他们学习。这样，就会使整个国民经济不断地波浪式地向前发展，使全国各族人民都能比较快地富裕起来。② 在这次讲话中，邓小平第一次完整地提出了"先富"政策，并把这个政策看作是能够影响和带动整个国民经济的大政策。

改革开放初期，为了释放市场潜力，增强经济活力，创新是必由之路。随着我国从计划经济体制向社会主义市场经济体制的转变，构建适应社会主义市场经济发展需求的科技创新战略体系成为该时期的建设重点。1985年发布的《中共中央关于科学技术体制改革的决定》提出了"经济建

---

① 张爱茹.邓小平"先富"、"共富"思想的历史考察[J].党的文献,2005（6）:18-24.
② 邓小平.邓小平文选（第二卷）[M],北京:人民出版社,1994:152.

设必须依靠科学技术、科学技术工作必须面向经济建设"的战略方针,明确了经济发展和科技发展的关系。在这一战略指导下,我国通过技术引进、消化吸收再创新的方式,实现了技术快速进步。科学技术的进步不断赋能经济发展,我国经济走上了快速发展的道路,综合国力和国际影响力实现历史性提升。

顺应时代潮流,立足我国发展阶段,党的十八大提出实施创新驱动发展战略,明确要求把科技创新摆在国家发展全局的核心位置。为实施创新驱动发展战略,中共中央、国务院 2016 年 5 月印发了《国家创新驱动发展战略纲要》这份纲领性顶层设计文件,明确"三步走"战略目标,其中第一步就是"到 2020 年进入创新型国家行列,基本建成中国特色国家创新体系,有力支撑全面建成小康社会目标的实现"[①]。2020 年,世界知识产权组织发布的《2020 年全球创新指数报告》显示,中国的创新指数得分在全球参与排名的 131 个经济体中位列第 14 位,这标志着 2020 年我国进入了创新型国家行列,如期实现了第一个战略目标。从 2021 年开始,我国正向第二个战略目标即"到 2030 年跻身创新型国家前列"稳步前进。

三、创新驱动共同富裕方略的加快实施

2020 年,党的十九届五中全会审议通过的《中共中央关于制定国民经济和社会发展第十四个五年规划和二〇三五年远景目标的建议》明确把"坚持以人民为中心"作为"十四五"时期经济社会发展必须遵循的一项重要原则,提出"坚持人民主体地位,坚持共同富裕方向,始终做到发展

[①] 中共中央、国务院印发《国家创新驱动发展战略纲要》[EB/OL].(2016-05-19)[2024-01-03]. https://www.gov.cn/zhengce/2016-05/19/content_5074812.htm.

为了人民、发展依靠人民、发展成果由人民共享，维护人民根本利益，激发全体人民积极性、主动性、创造性，促进社会公平，增进民生福祉，不断实现人民对美好生活的向往"①。2021 年 8 月 17 日，习近平总书记在中央财经委员会第十次会议上发表重要讲话强调："共同富裕是社会主义的本质要求，是中国式现代化的重要特征，要坚持以人民为中心的发展思想，在高质量发展中促进共同富裕。"②高质量发展是"十四五"时期我国经济发展的必由之路，而创新则是实现高质量发展的必由之路。

（一）坚持科技创新为共同富裕提供强劲动力

我国进入新发展阶段，还面临发展不平衡等问题，科技创新作为引领高质量发展的第一动力，完全有条件成为共同富裕的"火车头"。科技创新才能使企业获得可持续的商业竞争力，自主创新才能构建我国经济社会发展的新动力。

充分发挥科技创新支撑产业协调发展的重要作用。我国基础研究比例低，高端人才缺乏，原始创新能力不足，芯片、激光雷达、核心工业软件、核心算法等多项关键技术受制于人，严重制约了产业创新能力的提高。要通过结合企业、政府、高校等多主体的创新力量，整合学术界和企业界，加快科技创新；要加快运用高新技术改造传统产业，培育和发展新兴产业，促进产业结构调整优化，增强我国产业竞争优势，推动经济高质量、高速发展。各创新主体要主动承担起各自的责任，合力推进共同富裕。企业应加强科研成果的实践应用，促进创新成果商业化转化，增强企业盈利能力，使科技成果造福人民。立足我国科技发展现状和科技发展趋势，政

14

府应加强科技创新顶层设计与规划,围绕战略目标,在战略关键核心领域进行系统布局,推动科技创新体制改革,培育创新沃土,积极营造优良生态环境。高校作为国家创新体系的重要组成部分,必须加强对创新型人才的培养,加强基础学科建设,增强重大原始创新能力,有力支撑我国战略实施。

要发挥科技创新对数字经济持续健康发展的引领作用,赋能高质量发展,为扎实推动共同富裕夯实经济基础。党的十九届四中全会首次将数据纳入生产要素范围。发展中国的数字经济要围绕数据要素,而要最大限度发挥数据要素的作用、形成高质量的数字经济,就必须明确技术创新的关键地位,经济高质量发展呼应高水平的科技自立自强。数字经济的健康发展建立在健全完善的数字新技术体系之上,要持续推动体系生态建设,逐步解决数据安全、数据流通等难题,以数字技术推动数字产业化和产业数字化。此外,要加速探索应用新场景,研究具有典型性、引领性、战略性的数字经济落地场景,发现符合"双碳"目标的绿色发展、符合共同富裕等战略目标的新领域和新产业。

我国已经取得了举世瞩目的成就。在航天航空领域,从天宫、北斗、嫦娥到天和、天问、羲和,中国航天不断创造新的历史,"天问一号"开启火星探测,"羲和号"实现太阳探测零的突破,超级计算、高速铁路、智能电网、第四代核电、特高压输电技术等都进入了世界先进行列。我国科技逐渐从"跟跑"走向了"并跑""领跑",国家战略科技力量加快壮大,经济规模不断扩大,发展势头迅猛。

（二）持续创新社会治理为共同富裕注入源头活力

要实现共同富裕,实现人民的美好生活,不仅要实现物质层面的富裕，还要实现精神层面的富裕，满足人民群众多样化的精神文化需要，增强人民群众的幸福感和满足感；不是单一维度的富裕，而是社会、经济、文化、政治、生态等的全面富裕。为了给人民提供一个能够安居乐业的发展环境，就必须进行社会治理，只有建立高效率的社会治理机制、现代化的社会治理体系，持续创新社会治理，才能保证良好的社会秩序，为实现共同富裕营造良好的社会环境，实现环境宜居宜业、社会和谐和睦、公共服务普及普惠等目标。因此，提升社会治理能力是我国实现全体人民共同富裕道路上不可或缺的一步，也是基础且重要的一步。

在不断探索中，各地面对社会治理的难题与挑战，逐步开展试点实验，寻找社会治理创新路径。北京市朝阳区通过创新体制机制，实施"社区成长伙伴计划"，探索出一条超大城市社区治理的创新路径。上海市浦东新区率先开展"家门口"服务体系建设，重塑社区办公流程，打通服务群众的"最后一公里"。福建省厦门市思明区通过"百事帮""千户访"和"万家和"等系列创新举措，探索"邻里守望"的新型熟人社区新模式，建设和谐友善的幸福社区，为广大城乡社区提供了一种有效的创新治理模式。广东省佛山市禅城区构建起"区—街道—社区"三级微服务体系，通过数字手段提升民生需求与社区服务内容的匹配度，构建线上与线下结合的服务模式，并与多方服务资源连接，为解决社区服务供给中存在的供需不匹配难题提供了参考路径，启示城乡社区通过数字手段解决治理问题，将数字赋能等理念融入基层社会治理。在不断深化改革中，我国实现了从"社会管理"到"社会治理"的理念发展，结合时代趋势，搭建了有效的社会治理新机制、新方法，推动了社会组织体制改革，社会变得更加公平、包容、和谐和安全。

面对我国社会形态从"数字社会"到"智能社会"的快速转变,有必要对智能社会治理进行探索。2021年,中央网信办、国家发改委等八部门联合组织开展国家智能社会治理实验基地申报,最终确定了10家综合基地和城市管理、教育等七个领域共计82家特色基地①。这些实验基地致力于搭建智能社会治理应用场景,总结智能社会治理经验和理论,探索发现人工智能技术给社会治理带来的社会伦理、道德、安全、法律问题,研究提出相应的政策标准,最终建立适应智能社会的治理机制。

(三)浙江高质量发展为建设共同富裕示范区探索增添战略定力

带动全国广大人民群众实现共同富裕是一个长远的政治目标,同时也是一个现实目标,难以在短期内全面铺开,因此迫切需要选取部分地区先行先试、作出示范。一方面,在面积、人口、地理区划、行政区划等方面,浙江都具有代表性特征;另一方面,浙江省富裕程度较高、均衡性较好,在努力破解经济社会发展不平衡不充分问题上已经取得了突出进展,具备一定基础和优势。具体来看,浙江省生产总值已连续17年稳居全国第四,经济发展稳定向好,城乡、区域、行业均衡发展,贫富差距相对较小,整体发展均衡,注重协调发展。2021年6月10日,中共中央、国务院印发了《关于支持浙江高质量发展建设共同富裕示范区的意见》②(简称《意见》),选择浙江省作为共同富裕示范区,支持鼓励其高质量发展。

《意见》的发布标志着浙江在实现共同富裕道路上踏出了坚实的一

---

① 中国网信网.中央网信办等八部门联合公布国家智能社会治理实验基地名单[EB/OL].(2021-09-29)[2024-01-03].https://www.cac.gov.cn/2021-09/29/c_1634507963276896.htm?eqid=d467c395009390930000000005643132d7.

② 中共中央、国务院关于支持浙江高质量发展建设共同富裕示范区的意见[EB/OL].(2021-06-10)[2022-02-10].https://www.gov.cn/zhengce/2021-06/10/content_5616833.htm.

步，但同时也意味着浙江要扛起探路者的责任，聚焦共性问题，着眼长远发展，不断积累可复制、可推广的经验和认识。在《意见》的指导下，2021年11月3日，文化和旅游部、浙江省人民政府联合印发了《关于高质量打造新时代文化高地推进共同富裕示范区建设行动方案（2021—2025年)》；2022年3月，中国人民银行、中国银行保险监督管理委员会、中国证券监督管理委员会、国家外汇管理局、浙江省人民政府发布了《关于金融支持浙江高质量发展建设共同富裕示范区的意见》。浙江省正在扎扎实实推进高质量的共同富裕示范区建设。在民生领域，浙江健全为民办实事长效机制，努力推进"浙有善育""浙里健康""浙里康养"；在社会治理领域，浙江以数字化改革完善社会治理体系、提高社会治理效能，推动社会善治，提升省域治理现代化水平；在文化建设领域，浙江深入推进新时代文化浙江工程，打造新时代文化高地；在生态建设领域，浙江让生态之绿成为幸福之绿，全省生态环境质量满意度实现十连升。在"实践、认识、再实践、再认识"螺旋式上升学习模式中，浙江已初步形成共同富裕示范区建设政策体系。

第三节　创新驱动共同富裕的基本框架

本节将首先总结共同富裕的内涵，阐明创新在共同富裕中的重要作用，接下来剖析创新驱动共同富裕的核心、目标及机制三大关键问题，并由此引申出第四节创新驱动共同富裕的四种典型视角。

一、创新是驱动共同富裕的第一动力

2020年，党的十九届五中全会审议通过了《中共中央关于制定国民

经济和社会发展第十四个五年规划和二〇三五年远景目标的建议》，把"人民生活更加美好，人的全面发展、全体人民共同富裕取得更为明显的实质性进展"①写入我国 2035 年基本实现社会主义现代化远景目标。由此可见，共同富裕已经不只停留在我国的发展战略思想层面，而是被提升到需要具体奔向的战略目标层面。共同富裕战略的扎实推进与有效实现，需要充分把握其内涵概念与价值维度。关于其内涵概念，共同富裕绝不仅是少数人的富裕，也不是从社会财富存量出发的"均贫富"的零和赛局，它强调为每个人创造勤劳致富的机遇，让大家能够拥有发展环境，它是人人参与、共建共享、共同致富的普遍富裕，是在人民大众各尽其能、辛勤劳动、互帮互助、"共建"富裕的前提下，让大家更加充分、更加公平地"共享"劳动致富的美好果实。共同富裕并不意味着同步富裕或完全平等的平均主义，它在时间上表现为不同步、空间上有差距②。

共同富裕体现在物质生活的极大丰裕上，也体现在精神生活的极大满足上。物质生活丰裕的前提是高质量发展，是物质文明、政治文明、精神文明、社会文明、生态文明的更高质量、更有效率的平衡、协调、可持续的发展。精神生活的满足，是在社会主义核心价值观指引下，公共文化事业持续进步，百姓大众多样化、多层次、多方面的精神生活需要持续得到满足③。

就战略目的而言，作为社会主义本质，共同富裕是为了"解放并发展

① 中共中央关于制定国民经济和社会发展第十四个五年规划和二〇三五年远景目标的建议[N]. 人民日报，2020-11-04(1).

② 董志勇，秦范. 实现共同富裕的基本问题和实践路径探究[J]. 西北大学学报（哲学社会科学版），2022（2）:41-51.

③ 李海舰，杜爽. 推进共同富裕若干问题探析[J]. 改革，2021(12):1-15.

生产力、消灭剥削、消除两极分化"。关于战略参与主体，共同富裕的推进必须有上层政府、各层市场、人民社会等多元化主体的协调主动参与。针对战略过程，共同富裕的发展是一个循序渐进、具备动态性、强调协调和均衡的过程。对于战略措施，共同富裕的各方面举措必须始终贯彻"以人民为中心"的基本方针①。

世界各国的发展历程体现出，全要素生产率的提高，不能仅仅依赖劳动力及物质资源的积累，科技创新、技术研发、生产过程创新、组织系统创新、市场营销创新、创新治理等才是更加重要的手段。

创新经济学之父约瑟夫·阿洛伊斯·熊彼特从真正意义上将创新如何驱动经济增长过渡到了经济发展层面，其认为"经济增长"主要的驱动要素是劳动与土地等要素的投入，即资本主义式的经济增长，但是技术进步与科技创新能够使经济结构产生新的质变，表现为通过创新驱动的新的要素组合实现"创造性破坏"。从这个意义上讲，科技创新与技术进步能够打破旧有经济增长的要素均衡模型，以新的资源配置组合促进经济发展②。实质上，创新是驱动高质量发展的重要源泉，是经济繁荣发展与社会进一步转型的内在驱动力量，进入共同富裕阶段的前提是我们系统地厘清创新和共同富裕两者的理论逻辑联系，搭建出创新驱动经济进步、社会革新和环境可持续发展的内在框架。

创新是经济与社会高质量发展的基本保证。共同富裕的关键驱动力在于更加充分地发挥创新的推动效用。创新与创富的相互驱动，促进创

---

① 陈劲，张月遥，阳镇. 共同富裕战略下企业创新范式的转型与重构[J]. 科学学与科学技术管理，2022(2)：49-67.
② 陈劲，阳镇，张月遥. 共同富裕视野下的中国科技创新：逻辑转向与范式创新[J]. 改革，2022(1)：1-15.

新与经济发展的正向循环过程,这些将会成为我国共同富裕发展的深层次议题①。

二、创新驱动共同富裕的三大关键问题

回顾世界各国发展的历史,我们发现,共同富裕、公平公正的社会民生是人们始终不变的美好向往,并为此持续不断地探索。中国共产党自从立党伊始,就把为中国人民谋幸福、为中华民族谋复兴作为初心与使命,把引领人民共创美好生活、实现共同富裕作为坚持不懈的理想所在。2021 年,我国已迈进全新的发展阶段,2021—2035 年,部分试点地区,如共同富裕示范区等,将会先一步迈进社会主义中级或高级阶段,有条件的地区拉动全国其他地区奔向共同富裕。因此,应对发展不平衡不充分问题、实现人民群众共同富裕是一定要攻克的时代课题。

创新是经济与社会高质量发展的基本保证。研究世界各国的发展过程不难发现,创新一方面是社会财富的源泉,另一方面也对财富的科学均衡分配起作用。若想准确全面地把握共同富裕的含义,探寻达成共同富裕的科学推进路径,我们需要深刻理解创新驱动共同富裕的若干关键问题。通过对现有文献和理论的深入梳理,本书认为,创新驱动共同富裕的关键问题主要包括以下核心要点:第一,创新驱动共同富裕的核心是以创新驱动生产力发展,推动高质量发展;第二,创新驱动共同富裕的目标是化解社会主要矛盾,实现发展成果由人民共享;第三,创新驱动共同富裕的机制是调动各方主体积极参与,激发全民创新活力。只有对关键问题

---

① 陈劲. 共同富裕视野下的科技创新[J]. 中国经济评论, 2021(9):52-54.

深刻把握和准确理解，才有助于总结和厘清创新驱动共同富裕的有效模式。

（一）共同富裕要贯彻以发展生产力为核心，而创新是提质发展的根本动力

从历史唯物史观出发，共同富裕作为共产主义的终极目的，必然由生产力的发展水平决定，分配制度作为生产关系的表达将会对实现共同富裕产生作用，但科学技术才是最根本、决定性的。发展是解决我国一切问题的基础和关键，必须在经济的高质量发展中推进共同富裕①。人工智能、量子科技、大数据、物联网、区块链等技术进步催生了新产业、新业态，推动经济转型升级。当下，科学技术比以往更加深刻地影响着每个国家的发展前景和人民群众的生活福祉。

创新一方面是创造社会财富的源泉，另一方面也会对财富的科学均衡分配产生作用，将在推进共同富裕的进程中发挥指引和支持作用②。这体现在三个方面：一是进一步深化技术创新在建设现代工业产业系统中的引领拉动效用。二是进一步挖掘人才、科技等创新要素充分流动、科学组合对区域均衡发展的带领支持效用。创新生态由相互连接的主体构成，各主体通过协作获取互补性资源，促进知识流、资源流等聚合和重新配置，通过与互补者进行开放式创新，能够共创共享更多的价值。创新生态对于处理区域经济空间分布结构失衡等问题具有重要作用。三是进一步扩散大数据等前沿数字技术对城乡居民共同富裕的带领支持效用。包容性创新通过为金字塔底层（base of pyramid, BOP）群体提供更多公平公

---

① 李由. 走向人民主体、公平本位、创新驱动的共同富裕之路[J]. 中国经济评论，2021（9）：22-26.
② 李春成. 科技创新助力共同富裕的路径[J]. 中国科技论坛，2021（10）：3.

正的发展机会促进"草根创新"。因此,创新引领的高质量发展可以实现既"做大蛋糕"又"提高蛋糕质量",助力达成共同富裕。

(二)共同富裕要以化解社会主要矛盾为目标,而创新是破解矛盾的有力手段

当下,我国社会的主要矛盾已经转变为制约共同富裕发展的阻碍。区域经济发展空间结构不协调、贫富差距过大等问题会直接影响共同富裕目标实现。缺乏持续的科技创新难以引领支撑产业高质量、可持续发展,也无法创造更多的社会财富。无论是农业、工业还是服务业,更加强调科技进步、发展质量效益、发展结构优化、全面协调可持续发展都是必经之路。

推进共同富裕战略要求我们必须解决经济社会发展中的不平衡、不充分问题,而创新生态能够有效促进经济增长、调整财富分配、优化发展质量,是推动共同富裕目标实现的重要助力。以数字平台为主导的创新生态系统在促进实现共同富裕的目标中可以推动协调性增长、包容性增长,深化经济发展的成果共享作用,成为破解主要矛盾的重要力量[1]。习近平总书记在《求是》2021年第20期撰文《扎实推动共同富裕》提出:"要支持中小企业发展,构建大中小企业相互依存、相互促进的企业发展生态。"[2]由数字平台主导的创新生态对解决区域经济空间分布结构失衡等问题具有重要意义[3]。

---

[1] 陈劲. 共同富裕视野下的科技创新[J]. 中国经济评论, 2021(9):52-54.

[2] 习近平. 扎实推动共同富裕[J]. 求是, 2021(20):4-8.

[3] 朱太辉, 林思涵, 张晓晨. 数字经济时代平台企业如何促进共同富裕[J]. 金融经济学研究, 2022(1):181-192.

创新是达成经济社会高效快速发展的关键来源，然而共享创新成果对于实现共同富裕同样具有非常重要的意义。在共同富裕战略背景下，包容性创新的重要性自然凸显。作为一类较新颖的创新思想，包容性创新旨在通过较为公平的途径为 BOP 群体提供价值、发展机会和发展环境，从而推动包容性增长，实现创新价值和创新成果共享①。

共同富裕发展过程中会遇到许多重大社会问题，这要求社会各类机构如政府、企业、国际组织等跨界全力合作。而社会创新的内在要义即为开展跨界合作以合理配置社会资源，从而探寻重大社会问题的解决方法。社会创新就是建设共同富裕社会必不可少的"第三只手" ②。

（三）共同富裕要以调动各方主体积极参与为机制，而创新是完善治理的重要保障

实现共同富裕的核心不只体现在"怎样分蛋糕"，更体现在"怎样做大蛋糕"。"共同奋斗"是推动共同富裕的基本路径，这包括人人参与、人人努力、人人共享。很明显，人人共享必须建立在人人参与和人人努力的基础之上。从"共建"到"共富"，要充分发挥人民群众的积极性和创造力，激励群众辛勤劳动，提高全要素生产率，从而让所有创造财富的要素高效有序流动。

在信息技术高速发展的今天，数字经济具备了强有力的技术、资金、聚合效应和资源配置功能，科学技术创新打破了固有的市场关系和时空限制，促进流动性激增，为人人参与、人人努力提供了重要的前提和途径。

---

① 陈灿煌. 新常态下包容性创新与精准扶贫融合的内在逻辑与实践路径[J]. 湖南财政经济学院学报，2017(4):30-36.
② 赵爱玲. 社会创新在共同富裕中将扮演更为重要的角色[J]. 中国对外贸易，2021(11):60-61.

然而,科技创新与技术进步也是把双刃剑。其积极面在于提升生产效率、催生新兴产业、优化资源配置,从而促进经济增长、改善经济福利并增加生态价值;其消极面亦不容忽视,科技创新可能加剧地区经济差距,使发达地区凭借科技优势加速发展,落后地区因科技应用不足而难以跟上发达地区的发展速度。在社会层面,科技创新导致高技能人才收入攀升,低技能者可能陷入收入增长缓慢甚至失业的困境,进一步拉大收入差距。同时,技术替代人力引发结构性失业,传统制造业和低技能服务业从业者面临失业危机。这些问题阻碍了共同富裕进程,需在推进科技创新时兼顾公平与就业,以实现协调发展。这就凸显出了创新治理的必要性。在逆全球化趋势和构建国内国际双循环相互促进的新发展格局时代背景下,我们有必要重新研判前沿科技创新趋势,在此基础上,要完善创新治理的制度体系,从而更高效地利用创新成果推进共同富裕①。

第四节　创新驱动共同富裕的四种典型视角

通过对共同富裕内涵的分析,我们发现,共同富裕发展过程与高质量创新之间存在必然联系。本节将从创新驱动共同富裕的不同视角出发,探讨如何通过创新引领共同富裕发展。

在社会新发展阶段推动共同富裕,最基本、最关键、最核心的问题是要正确处理好公平与效率这两者的关系,如何既"做大蛋糕"又"分好蛋糕"?上一节探讨了创新驱动共同富裕的三大关键问题即核心、目标和机

---

① 敦帅,陈强,贾婷,等. 新形势下科技创新治理体系现代化的理论体系构建研究[J]. 科学学与科学技术管理,2022(3):24-43.

制，从这些本质问题出发，我们认为，创新驱动共同富裕的实现必须包含以下要点：第一，以创新服务低收入群体，实现普惠包容（群体视角）；第二，以创新解决贫富两极分化等社会问题，实现人人共享（社会视角）；第三，以创新促进不同区域及各类经济组织的协调发展（生态视角）；第四，以创新完善共同富裕治理机制，充分激活各种创新要素禀赋（治理视角）。

因此，本节将从群体视角、社会视角、生态视角和治理视角这四大视角剖析创新如何具体驱动共同富裕。这四大视角从坚持发展生产力出发，通过调动各方主体积极参与从而化解社会主要矛盾，全面覆盖了创新驱动共同富裕的核心、目标和机制，这将有助于厘清创新驱动共同富裕的理论视角，为探索实践发展路径打好基础。

本书基于这四大视角，总结提炼出包容性创新、社会创新、创新生态、创新治理这四种路径，探讨了如何从提升多元主体参与度、完善多元协同治理模式、发展成果全民共享三方面促进效率和公平的有机统一，从而在高质量发展中实现共同富裕。本书形成的创新驱动共同富裕的基本框架如图 1-2 所示。

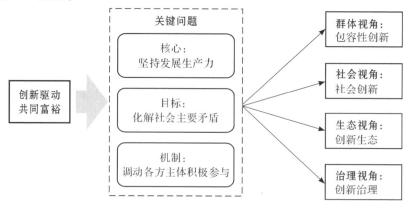

图1-2 创新驱动共同富裕的基本框架

一、创新驱动共同富裕的群体视角：包容性创新

创新是实现高质量发展的基础,是实现经济高效率发展的重要路径,共享创新成果对于实现共同富裕具有非常重要的意义。在此基础上,包容性创新就显得尤为重要。包容性创新的根本目的在于促进经济发展成果惠及社会大多数人,并最终实现包容性增长与共同富裕。共同富裕是中国式现代化的本质特征之一。它不是同一时间富起来,不是"均贫富"的平均主义,而是有先后顺序的;它不是单纯物质生活层面的富裕,而是物质生活丰裕和精神生活满足。物质基础必须以经济发展为基础,同时需要考虑到 BOP 群体所面临的社会排斥,为其提供参与经济活动的公平和平等的机会,在这样的情境下,包容性创新就显得尤为重要。它强调广泛的人员参与,包括 BOP 群体,促进经济增长以实现社会普惠,通过包容性增长最终实现共同富裕。它的核心问题是在经济增长的前提下,怎样体现竞争和机会平等,也就是如何实现共同富裕的问题。通过包容性创新,社会层面的贫困问题能够被转变为推动经济发展与社会进步的动力与机会。推动包容性创新,不仅需要促进科技进步,还要将更普遍人群的需求纳入筹划,激发大众的创新动力。

包容性创新的三要素——机遇包容、参与包容、分享包容对于促进共同富裕具有重要作用。机遇包容将增加对弱势群体或相对落后地区的资源供给和共享(资金、政策、信息、渠道)、降低信息不对称性,帮助他们克服社会排斥与外部性,实现参与机会平等。参与包容重在减少进入壁垒、提高创业意愿、提升进入能力、促进竞争平等。分享包容与社会福利理论、社会满意度理论相关,旨在增加弱势群体的合理收入,提升他们的信

任感、平等感、满意感。例如，遍布浙江的"淘宝村"已经成为包容性创新创业的经典代表。"淘宝村"是在我国共同富裕社会背景下涌现的典型包容性创新创业模式，它融合了固有的集群创新模式与前沿的数字创新技术范式。"淘宝村"的包容性创新创业模式有效地辨识、开发、运用当地的自然资源，扬长避短地利用了 BOP 群体独特的知识技能，降低了营业成本，为弱势群体等提供了创业机会，创造出依赖本地资源的独特价值，完善了当地的基础设施。

二、创新驱动共同富裕的社会视角：社会创新

社会创新是以社会福利改进、社会能力提升为主要目的，在多元社会主体共同协作下对各种社会资源、社会产品、流程等重新组合或重新配置。社会创新旨在探索重大社会问题的解决之道，从而推动经济快速发展并保证人民的生活质量和幸福感，最终实现共同富裕。面对愈发严重的三大社会问题(财富分配不均、社会阶层固化及生态环境破坏)，依赖政府、企业、社会团体、公民及国际组织中任意一方独自的力量都无法解决。这要求社会各类机构跨界全力合作。在社会创新中，创新主体是政府、企业、社会团体、国际组织等多元主体，他们之间形成了搭档关系；创新以促进社会福利、增强社会能力为主要目的；创新方式或途径类似通常所说的流程创新，是对各种社会资源、社会产品、流程等进行重新组合或重新配置。

社会创新的关键在于开展跨界协作集聚和配置社会资源，以探寻重大社会问题的合理解决方案。故而社会创新在共同富裕中起到举足轻重的作用，它的主要影响体现在激发社会活力、填补市场和政府失灵、推动

各类组织共同发展,一起促进共同富裕。社会创新的系统性、互动性和广泛性体现了以社会创新手段实现共同富裕的适用性与有效性。社会创新即为建设共同富裕社会必不可少的"第三只手"。社会创新通过创造社会共享新价值、提升社群和利益相关者参与度、激发社会企业家精神和企业社会责任三方面促进共同富裕。

首先,社会创新的广泛性特征表明了社会创新需要政府、企业、社会团体、公民等不同利益相关者之间互助协作。例如,浙报传媒控股集团有限公司、修正药业集团股份有限公司和浙江新联控股股份有限公司联合出资建设的"养安享"养老平台,体现了政府、社区、企业的合作创新。其次,社会创新是一个不同主体之间持续沟通的过程,网络中的组织与个体主动持续地开展多方合理共建,互鉴互动,进而创造共享新知识、新价值。例如,支付宝重点打造的蚂蚁森林项目吸引了约5.5亿人次的踊跃参与,该项目不仅极大地提升了西北地区的环保程度,还提升了支付宝商誉和市场占有率。最后,组织在社会创新实践的过程中会聚集一批具有社会责任意识、愿意为社会做出贡献的优秀人才。这种由解决社会问题引领的创新模式所带来的持续竞争力也会进一步激发社会责任意识。例如,万科公司敏锐地感知到了绿色生活的发展趋势,经由绿色创新研发出了低碳节能的新型环保商品住宅,并在市场上反响极好,万科也承诺将大力推动绿色新型能源在住宅、办公等建筑产品中的应用普及,并实现对应的低碳减排目标。

三、创新驱动共同富裕的生态视角:创新生态

创新生态的核心是协调组织之间的关系,发挥各主体的优势特长,实

创新驱动：实现共同富裕的必由之路

现资源的有效配置,从而实现整体价值的最大化发展。因此,充分发挥创新生态的作用是实现共同富裕进程中不可或缺的环节。中国经济的增长不仅源自部分地区或者部分企业的发展,还是政府、企业、高校等不同利益相关主体共同作用的结果。创新生态的发展可以弥合大企业和中小企业的差距,城市和乡镇的差距,以及促进区域高质量发展。因此,创新生态的稳定运行对于共同富裕的实现起到了举足轻重的作用。创新生态是一个以企业为主体,高校、科研机构、政府、金融等服务机构作为要素载体的复杂多元网络结构。这个生态不只覆盖了创新主体,还涵盖了服务中介、各类资源和创新生态环境。

通过供应链协同、创新产业聚集、数据驱动平台支撑等模式,创新生态可以促进经济高质量发展,调整财富分配,优化发展质量,是推动共同富裕目标实现的重要助力。创新生态以自上而下的方式作用于产业布局与结构调整,从而增强创新主体核心能力。与此同时,核心企业引领创新生态的方式自下向上地促进资源整合,产生区域经济、科技创新和社会发展间的相互影响,最终促进高质量发展。

创新生态将通过供应链协同、产业区域集聚、数据驱动平台赋能三方面促进共同富裕。关于供应链协同,大企业和平台企业通过打通供应链、推动产销链接、提高供应链运行效率,能够将供应链底层(如农民)纳入高效供应链,帮助他们实现增收。关于产业区域集聚,在龙头企业的引领及示范作用下,集群内企业以竞合的互动方式发挥良性协同效用,如经济效应、社会效应、文化效应等,带动集群内中小企业快速发展。关于数据驱动平台赋能,创新生态日渐成长为新发展阶段共创共享社会财富的重要空间,关系到社会财富增长、社会福利水平提升及公平公正分配等关键问题。

　　创新主体的多样化表明构建稳定运行的创新生态不是一蹴而就的,需要政府、龙头企业与中小微企业协同合作共同推动。首先,政府可以通过建设共同富裕示范区推进城乡同步发展,努力缩小城乡差距。以浙江省为例,浙江省统计局公布的数据显示,2023 年,浙江城镇和农村居民人均可支配收入分别为 74997 元、40311 元,分别连续 23 年和 39 年居各省区第 1 位,城乡居民收入倍差缩小到 1.86;地区之间的差距也在持续缩小,设区市之间居民人均可支配收入最高与最低的倍差缩小到 1.56,省内发展滞后的"山区 26 县"的生产总值均破百亿元。其次,面对复杂变化的市场环境,中小微企业面临更大的挑战。龙头企业在产业链形成的过程中产生了无可替代的影响。龙头企业具有较强的创新能力、技术能力以及资源禀赋,可以为产业集群的发展提供持续的动力。最后,数字网络新技术、新业态的发展使提升平台治理能力成为推动创新体系建设的关键。例如,阿里巴巴集团在参与电子商务平台、云服务平台、物联网平台的治理过程中大胆创新,探索出一系列先进的平台治理实践经验。平台企业为传统行业赋能的模式有利于实现多方主体的共同发展。

四、创新驱动共同富裕的治理视角:创新治理

　　共富主体通过构建创新治理体系,能系统调整创新战略导向及创新过程与价值分配。同时结合创新治理制度安排与体制机制设计,能在较大程度上推动经济与社会高质量发展,从而实现共同富裕。具体而言,一方面,创新治理对经济总量的增加起到正向促进作用,进而为可分配的财富总量奠定坚实基础;另一方面,创新治理将调整价值分配过程,促进效

率与公平的有机统一。

　　创新治理促进共同富裕的作用过程、关键影响因素、基本原则及具体作用方式构成了创新治理促进共同富裕的整体概念框架。在作用过程上，首先，创新治理能有效带动传统产业结构的升级转型，提升新旧动能转换效率，进而促进初次分配的效率提高；其次，创新治理能强化有效市场与有为政府的资源配置效应，在非生产阶段实现收入分配，进而充分发挥二次分配的协调作用；最后，创新治理能创造产业发展及就业岗位增量，促进高水平科研成果转化，创造一系列社会效益，进而支撑三次分配活动。在关键影响因素上，首先，人、财、物等创新要素是创新活动的基础；其次，各要素的集聚将形成不同的创新主体，包括政府、企业、高校院所、金融机构、协会组织等；最后，合理的治理结构有利于创新主体功能的发挥。在基本原则上，兼顾各个政策调节主体的利益，实现多方共赢的激励相容原则需要与以合理政策设计为核心的制度相互配合。在具体作用方式上，首先，创新治理的目标约束机制与创新治理主体在设定治理目标和手段上与共同富裕兼容，驱动经济与社会高质量发展；其次，通过调动创新体系配置机制，使多元主体履行职责、协同配合，强化要素资源的配置效应；最后，利用创新共创机制提升集体幸福感。

　　创新治理促进共同富裕的典型模式有两类。第一种模式是政府引导推动多元共富主体协同。例如，浙江省新昌县政府通过针对性的顶层设计确保创新要素的合理部署，通过创新治理机制设计健全共同富裕背景下创新治理体系、实施科技新政助力企业技术突破与创新、营造创新氛围、提振共富主体创新信心等方式，激发了多元共富主体的活力，进而克服了区位及资源劣势，以科技创新和数字化改革为抓手，加快创新性举措的谋划实施,走出了一条科技强、产业好、生态优的高质量发展道路。第二种模式是通过创新治理赋能区域产业体系协同发展。例如,浙江省永康市政府作为共同富裕的主要发起方,通过提供底层技术支持,为产业注入新的生产要素;通过科技赋能促进当地工业产业升级,带动当地特色第二产业发展;通过建立健全电商服务体系相关配套基础设施,推动以电商配套服务为主的第三产业快速发展。从结果来看,第一产业的发展增加了当地农民收入,直接促进乡村振兴建设;第二产业的高质量发展提升了生产力,增加了城镇居民收入;第三产业的发展创造了就业岗位,优化了公共服务的基础设施,共同富裕也随着产业发展这条主线得以推进。

要通过创新治理促进共同富裕,政策层面的强力支持必不可少。首先,要建立创新治理促进共同富裕的政策体系。这包括建立区域协同创新政策体系,促进创新要素在区域间的流动、协同与共享;建立产业层面的创新政策体系,聚焦产业间深度合作以及深度赋能;构建企业层次的创新政策体系,聚焦各类大中小企业要素共享、资源互补、能力协同、价值共创的融通创新共同体形成。其次,现阶段重点扶持少数企业的政策导向必须向创新共享的普惠型政策转变。这需要形成大中小企业、国有企业与民营企业创新资源共享、财富价值共创及包容普惠社会发展的格局。再次,必须充分考虑科技财税金融人才服务的配套政策。最后,需要进一步加强创新主体的开放式协同创新,主动参与全球创新治理,在此过程中增强政产学研用开放式协同创新能力以及科技自立自强能力。

第二章

包容性创新与共同富裕

第一节 包容性创新与共同富裕的理论基础

一、包容性创新的内涵

创新是推动人类社会进步的重要力量,与此同时,它也深刻地影响和塑造了社会面貌。在这个过程中,一些行业和工作岗位逐渐退出了历史舞台。这也让人产生了困惑和担心——创新在提高工作效率的同时,会不会让越来越多的人失去工作? 特别是最近几年大数据、云计算和人工智能等领域的快速发展更加深了人们的担心。若从整体视角来分析,这种担心或许有些杞人忧天。德勤公司 2015 年 8 月发布的《技术与人:创造就业的伟大机器》报告分析了英国 1871 年以来有关科技发展与就业机会的数据,数据显示,技术创新所创造的就业岗位比毁掉的就业岗位多,创新简直就是"创造就业的机器"①。

---

① Deloitte. Technology and people:The great job-creating machine[EB/OL]. (2015-08-26)[2023-12-19]. https://www2. deloitte. com/content/dam/Deloitte/uk/Documents/finance/deloitte-uk-technology-and-people. pdf.

　　但是,人们更应该清醒地了解到,创新所产生的社会影响并非线性的。受各种因素的影响,并非任何人都可以在创新项目中获益。这也需要在技术创新进程中兼顾包容式发展,提供更大的平台,让更多的人分享技术创新成果。因此,在这一背景下,包容性创新概念被提出,它关注金字塔底层群体的市场需求,实现了创新的商业和社会属性相互兼顾、融合发展。

　　包容性理论源于社会排斥理论和社会福利经济学理论,用以减少社会贫穷,并促进贫困人口的经济发展。Sen 认为,福利经济学涉及弱势群体的能力提升、社会生产参与和社会福利分配①,一个包容性社会应该是在公平竞争的基础上发展的,并且在分享竞争结果时不会出现剥夺权利、设置制度障碍和社会歧视等问题②。亚洲开发银行和世界银行在推动包容性发展方面发挥了重要作用,亚洲开发银行主张制定合理的经济增长目标并提出相应政策,世界银行报告指出,最好的减贫措施是建立包容性的体系和制度,而不是将增长政策和公平政策割裂开来。从以往的有关理论研究来看,包容性主要体现在合理的增长与公平的参与和分享。越来越多的学者认为,包容性发展是过程和结果的结合体,即在发展的过程中不仅要体现社会参与水平的提高和参与机会的有效供给,还要在结果分享中体现出个体与其付出劳动对等的价值回报(见表2-1)。

　　Prahalad 最早提出"包容性创新"这一概念,他将包容性发展理论和创新理论相结合,指出包容性创新是帮助弱势群体改善社会排斥、为其提

---

① Sen A. Inequality Reexamined[M]. New York: Oxford University Press,1995.
② Ali I, Son H H. Defining and measuring inclusive growth: Application to the Philippines[EB/OL].(2013-08-06)[2023-12-19]. https://www.econstor.eu/bitstream/10419/109292/1/ewp-098.pdf.

供平等机会的创新平台，使其能够参与高增长、高利润的企业发展①。
George 则赋予了包容性创新更深层次的含义，他将包容性创新定义为新思想的进一步发展，能够为社会弱势群体创造改善生活与增加经济财富的机会，从而丰富了对创新的认知，包括思想、产品、服务和商业模式等②。
包容性创新这一新的模式通常伴随着商业模式的改变以及新服务的引入，并作为弱势群体所在区域进一步提升经济实力的重要途径。根据经合组织（OECD）的看法，包容性创新利用科学、技术和创新诀窍满足低收入群体的需求，即让更多人参与创新活动，使创新成果扩散到所有人，使所有人都从创新活动中受益。为此，包容性创新的根本目的在于促进经济发展成果惠及社会大多数人，并最终实现包容性增长与共同富裕。

包容性创新强调机会和竞争平等，每个个体拥有自由的、平等的参与权、信息知情权、分享权，掌握社会规则，并能够参与规则的制定和实施，被多数人认可。所以，我们将包容性创新界定为这样一类创新：（1）旨在改善弱势群体所面临的社会排斥；（2）在获得、参与和分享经济成果的过程中，实现公平参与和机会平等；（3）让包括弱势群体在内的每个人都能参与社会经济发展并有所贡献，同时合理分享社会发展的成果。

---

① Prahalad C K. The Fortune at the Bottom of the Pyramid：Eradicating Poverty through Profits[M]. Philadelphia：Wharton Business School Publishing, 2004.

② George G, McGahan A, Prabhu J. Innovation for inclusive growth：Towards a theoretical framework and a research agenda[J]. Journal of Management Studies, 2012(4)：661-683.

表 2-1　包容性创新概念

学者	核心	过程/结果	收入/非收入
Conceição，Gibson，Heitor & Sirilli(2001)	包含所有国家的每一位国民在内的增长	过程	收入
Chatterjee(2005)	广泛参与,减少贫困和社会排斥	过程	收入和非收入
Rauniya & Kanbur(2010)	降低不平等的增长	结果	收入和非收入
Ali & Son(2007)	非收入层面的益贫性增长	结果	非收入
Ali & Zhuang(2007)	基于机会平等的增长	过程	收入和非收入
世界银行(2006)	促进大量就业的增长	过程	收入和非收入

资料来源:姜雁斌.交易成本视角下的包容性发展促进机制及其对社会满意度的影响[D].杭州:浙江大学,2012.

基于包容性创新的概念和现有文献,本书总结出包容性创新的五个基本属性。

1.创新主体的草根性

创新主体不仅包括企业、政府以及众多中介服务机构,还有广大低收入人群。他们会根据自己的需求开展有针对性的创新活动,成功率更高,当该群体达到一定的数量时,会涌现出很多创意和想法。

2.创新形式的多样性

包容性创新是满足 BOP 市场低消费人群的创新活动,由于面向群体具有特殊性,与传统的创新形式相比,其存在资源、制度、规则上的障碍,也因此表现出了多种创新形式,如新产品、新服务、文化、组织、制度、商业模式等[1]。在整个产品与服务生命周期内,多种创新形式相互配合、相互补充:产品创新要提升产品的性价比,以相对较低的价格为低消费人群提

---

[1]　邢小强,周江华,仝允桓.包容性创新:概念、特征与关键成功因素[J].科学学研究,2013(6):923-931.

供高质量的产品；制度创新要建立公平公正的交易规则以弥补旧制度的缺失；文化创新可以缓解不同消费层次群体的价值冲突。不同创新形式相得益彰，共同创造出更大的价值。

3. 创新过程的开放性

包容性创新强调机会平等和公平参与以及交流互动、外部资源获取和创新平台的开放性。从创新主体上看，各主体之间的相互交流是开放的，在创新过程中，获取外部信息资源是非常重要的环节，各主体以开放的心态积极搜索，并将获取的资源融入方案的设计与实施，使新方案更具包容性与开放性。创新平台局限于实验室或者企业内部的研发平台，还有外部创新平台，多方协同凸显了开放性的特点。

4. 应用领域的广泛性

从马斯洛需求层次理论的角度看，包容性创新领域涵盖了四个方面：一是生理需求，如有营养的食物和干净整洁的衣服等；二是生活需求，包括良好的娱乐服务和医疗条件等；三是生产需求，以人为本，通过提升弱势群体的生产能力和效率来获得更多的生产活动成果，如农业创新和交通工具的改良；四是精神需求，如尊重和自我价值实现。

5. 创新结果的可持续性

企业的生产活动对当地经济、社会与自然环境具有重大影响，但是靠牺牲环境换创新活动是不可取的。因此在进行创新的过程中，需要对活动方案及时进行评估，避免出现破坏环境的现象，真正的包容性创新对环境与社会的可持续发展具有促进作用①。

---

① 邢小强、薛飞、涂俊.包容性创新理论溯源、主要特征与研究框架[J].科技进步与对策,2015(4)：1-5.

二、包容性创新的特征

包容性创新符合创新的一般规律,需要通过产品、服务、流程、组织、营销等方面的改进促使新想法、新模式、新流程等的价值实现。在包容性创新中,市场配置资源的基础作用同样重要,它促使企业寻求机会主动为低收入群体提供合适的产品或服务,而不是直接通过政府干预等手段强制进行[①]。同时,包容性创新还具有其独特之处,形成促进包容性创新的三大特征,我们也把它称为包容性创新的三支柱(见图 2-1),即机会包容、参与包容和分享包容[②]。机会包容强调中间过程的公平性和机会提供;参与包容为所有个体提供同等竞争待遇以参与创新实践;分享包容聚焦让低收入群体获取创新实践的成果。

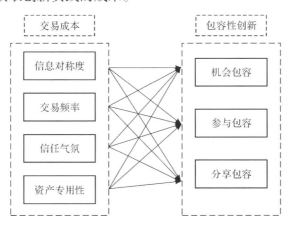

图 2-1　包容性创新的三支柱

资料来源:姜雁斌.交易成本视角下的包容性发展促进机制及其对社会满意度的影响[D].杭州:浙江大学,2012.

---

① 包容性创新的实践与启示[J].科技传播,2013(14):3.

② 姜雁斌.交易成本视角下的包容性发展促进机制及其对社会满意度的影响[D].杭州:浙江大学,2012.

（一）机会包容

机会包容是指个体所处的社会中有足够的、可自由获取的创新与创业的机会。机会包容的最终体现形式为社会生产机会的自由参与，不受外在非理性、非道德的约束。对于BOP群体来说，自由参与的机会不能被满足，造成其在获取社会生产资源上的劣势。包容性创新为低收入群体创造与其他社会群体平等的机会，使他们能够获得并享受创新成果、参与具体的创新活动。一般来说，在一个机会包容的生产系统中，资源是开放的、自由获取的，不会受非理性的资源约束，这也是一个理性的市场应该具备的竞争模式。基于交易成本的视角，对于提升机会包容的手段，主要包括减少信息不对称、有效分配资源、克服社会排斥等。

信息对称在这一情境中指交易商之间互相了解的程度、所掌握的信息的一致性和获取信息的便捷性[1]。信息对称有助于降低信息搜集和获取的成本，减少利用职权对公共资源进行操控的行为，增强包容性企业家的能力。有效的信息资源不仅为企业提供产品信息和销售产品的渠道，而且使企业内部沟通更加顺畅。Akerlof认为，一个透明公开的信息系统可以减少不公平竞争的现象，如低价和劣质产品等，从而保护企业家不被逆向选择淘汰[2]。

在有限资源分配的条件下，资源数量、个体和企业对于资源生产的效率和社会的政策效率决定了资源分配效率。一般来说，资源（资金、政策、

---

[1] Nayyar P R. Performance effects of information asymmetry and economies of scope in diversified service firms[J]. The Academy of Management Journal, 1993(1): 28-57.

[2] Akerlof G A. The market for "lemons": Quality uncertainty and the market mechanism[J]. The Quarterly Journal of Economics, 1970(3): 488-500.

信息和渠道等)越丰富,如出现国家政策性机遇时,金字塔底层群体的参与壁垒越低。在这种情况下,壁垒的来源一方面是外在的约束,另一方面是个人能力和资源本身。

如果要实现真正的机会包容,那么必须有充裕的资源、自由竞争、机会平等。个体拥有自由的参与权和选择权,能够发挥自身最佳的竞争能力。

(二)参与包容

参与包容是指在个体参与生产活动后,与其他个体享受同等竞争待遇。实现参与包容主要取决于在竞争的过程中,公共部门所提供的信息是否对所有企业和个体是相同的,市场主体能否严格按照规则进行竞争。它表现为个体参与生产竞争时的外部性资源是可以自由获取的、不受限制的,规则是公平公正且受到认可的,强调资源获取与个体能力的匹配。

公平理论用来解释个体对工作的满意度,认为工作积极性不仅与实际报酬有关,而且还与个体是否对所得报酬感到公平有关。从传统的公平理论延伸到包容性创新理论,构建一个公平公正的规则体系,在包容性创新的系统下对每个个体一视同仁,保障个体在整个系统中个人能力的提升和个人价值的实现。公平理论为参与包容的理论发展奠定了基础。

增加交易频率对处于竞争阶段的企业和个体是有利的。Benoit 和 Krishna 认为,在频繁交易的过程中,双方建立了稳定的关系,尝试互利互惠、合作共赢。在这种关系中,获取市场信息的渠道得到拓宽[①],分配给协调和监督交易行为的注意力减少,并形成利益共同体。在面临不利的参

---

① Benoit J, Krishna V. Finitely repeated games[J]. Econometrica, 1985 (4):905-922.

与规则时，提高交易频率可以增强弱势群体的整体实力①。

低收入群体自身资源相对缺乏，他们负担不起价格高昂的产品或服务，也不会以较高的成本参与创新活动。所以，为支持低收入群体参与创新活动而提供的技术和工具也应当是低成本的、可接受性较强的。参与包容就是要基于自由竞争、公平公正的原则来设定整个创新过程的规则，而且它也一定代表了技术和资源的发展方向。

（三）分享包容

分享包容是指在生产成果分配的过程中，参与生产的群体和其他要素能够依据所做的贡献进行合理分配。低收入群体受经济、地理、社会及其他结构性障碍限制，无法获得与其他社会成员相同的经济和社会福利。对于弱势群体来说，每个个体都需要被关注，并给予其相应的资源以实现社会系统的可持续性。包容性创新重点针对这些群体，在生产成果分配的过程中，能够依据他们所做的贡献进行合理分配，提高社会整体福利水平。与参与包容着重强调资源获取和规则公平不同，分享包容表现为最终社会价值的获取、付出和回报的对等性、良好的资源分享氛围。

在分享包容的生产系统中，存在与传统个体假设不同的规则，它的目标不在于短期和长期的个人利益的最大化，而是团队利益的最大化，能够推进个体和企业的双赢，双方的努力和结果都得到了尊重，提高了社会满意度，个体的价值也得以体现。

在同一地区的企业间营造相互信任的氛围可以提升分享包容性，和

---

① Argyres N S, Liebeskind J P. Contractual commitments, bargaining power, and governance inseparability: Incorporating history into transaction cost theory [J]. The Academy of Management Review, 1999 (1): 49-63.

谐的氛围使企业间的合作变得更加顺畅,企业更愿意分享关键性资源,如产品信息、客户信息等。Chiles 和 McMackin 认为,信任的氛围是建立在相互友善的前提下的,任何虚假行为都会破坏信任氛围,面临被排除在外的风险①。在这个背景下,企业间更倾向于集体行为,如集中信贷、集中担保和联合采购等,这样有助于获得更多资源②。

社会发展的成果对于大多数个体来说具有共享的性质,分享发展成果和发展机会不仅要强调形式公平,还要追求实质公平,并实现形式公平与实质公平的均衡。

三、包容性创新与共同富裕的关系

习近平总书记在《求是》杂志发表的文章充分阐明了共同富裕的含义以及实现共同富裕的路径:"共同富裕是社会主义的本质要求,是中国式现代化的重要特征。"③促进共同富裕,"总的思路是,坚持以人民为中心的发展思想,在高质量发展中促进共同富裕,正确处理效率和公平的关系,构建初次分配、再分配、三次分配协调配套的基础性制度安排"④。

(一)包容性创新对经济发展的影响

包容性创新把贫困问题转化为促进经济与社会可持续发展的动力与机会,而作为一个独立的研究领域,包容性创新的研究历史不长⑤。在对

---

① Chiles T H, McMackin J F. Integrating variable risk preferences, trust, and transaction cost economics [J]. The Academy of Management Review, 1996 (1): 73-99.
② Aldrich H E, Fiol C M. Fools rush in? The institutional context of industry creation[J]. The Academy of Management Review, 1994 (4):645-670.
③ 习近平. 扎实推动共同富裕[J]. 求是,2021(20):4-8.
④ 习近平. 扎实推动共同富裕[J]. 求是,2021(20):4-8.
⑤ 邢小强,周江华,仝允桓.包容性创新:研究综述及政策建议[J].科研管理,2015(9):11-18.

现有文献和研究进行梳理的过程中，笔者发现包容性创新还处于理论探索的初级阶段，以下将围绕包容性创新的影响因素、适合包容性创新的发展情境和对社会发展的作用三个方面进行阐述。

桂黄宝等基于调查数据，将企业包容性创新的影响因素分为外部影响因素（政府政策、市场环境、区域创新环境）和内部影响因素（企业能力和个体因素），并进一步验证了企业的吸收能力和营销能力、企业家精神及高管特征、政府政策及企业根植能力是包容性创新的主要影响因素[1]。高霞等以我国特困地区秦巴山区部分企业为研究对象，验证了成本、设施及创新主体与包容性创新绩效间显著的正相关关系，鼓励该地区企业和个体参加创新活动，创造创新环境[2]。

制度视角下的包容性创新研究主要是企业利用相关创新性活动促进市场体系建立与运行，使 BOP 群体参与价值创造和分享，并寻找合适的包容性创新发展情境。Khanna 和 Palepu 认为，在 BOP 地区，维持创新活动公平的规则和制度安排有缺陷，有时无法发挥其应有的作用，形成制度空洞[3]。BOP 市场有着清楚明晰的正式制度和丰富的社会习俗、文化观念、裙带观念等非正式制度，对于弱势群体来说，非正式制度影响着他们的生产、交易和创新活动。Reficco 与 Márquez 从案例中发现，成功企业会建立激励和奖赏机制来协调行为与决策，更适合包容性创新活动。面对独特的 BOP 市场，企业需要建立管理与协调跨部门合作的流程规则，并在创新

① 桂黄宝，张君，杨阳.中国情境下企业包容性创新影响因素探索与实证研究——基于21省市的调查分析[J].科学学与科学技术管理，2017(7):73-89.
② 高霞，杨中楷，孙兆刚.基于 PLS-SEM 模型的包容性创新绩效实证研究[J].科技进步与对策，2019(6):26-32.
③ Khanna T, Palepu K. Why focused strategies may be wrong for emerging markets[J]. Harvard Business Review, 1997(4):41-51.

过程中,不断迭代和发展,将非正式制度因素转化为最终的生产成果,形成适合 BOP 地区的发展情境①。

随着经济的发展,普通民众积极地参与创新创业的活动,创新驱动的经济可持续发展成为热门的话题,包容性创新对社会发展有着积极作用。曾繁华和侯晓东构建了包容性创新的指标体系,分析创新指标与经济发展指标间的关系,提出了包容性创新与人才评价体系的优化路径,认为原有指标体系不能体现包容性创新,指标体系应该以市场为导向,注重财政投入与经济贡献度的均衡,并考虑该指标是否满足边际收益递增规律,优先为创新成果转化率高的项目提供财政支持,以实现指标经济效益最大化②。张利平等以四家涉农企业为研究对象,研究企业改变商业模式以满足社会和市场的双重需求,发现了两种面向 BOP 的包容性创新模式,即蕴含丰富机会的探索型创新和开发资源的利用型创新,从结构嵌入的角度来看,探索型创新合作者类别庞杂,结构松散;而利用型创新合作者种类少,结构复杂③。

（二）包容性创新与共同富裕的关系

共同富裕是中国新时代发展的重要目标,它是一个集政治、经济、文化等于一体、关乎中国特色社会主义发展的重大问题。共同富裕的进程不是齐刷刷地都富起来,不是一夜之间大家都富得流油,也不是整齐划一

---

① Reficco E A, Márquez P. Inclusive networks for building BOP markets[J]. Business and Society, 2012 (3):512-556.

② 曾繁华,侯晓东. 包容性创新驱动武汉经济发展指标构建与实证分析[J].科技进步与对策,2016 (5):45-50.

③ 张利平,高旭东,全允桓. 社会嵌入与企业面向 BOP 的商业模式创新——一个多案例研究[J].科学学研究,2011(11):1744-1752.

的平均主义，由于自然条件、历史沿革、资源禀赋等各种原因，富裕是有时间先后顺序的。共同富裕不是物质上的生活单方面的富裕，而是人民群众物质生活和精神生活两个方面都富裕，是"富口袋"与"富脑袋"的统一，如果没有精神上的共同富裕，物质上的共同富裕也是不可持续的，将会失去正确价值观的引领，失去前进的动力和方向。在实现共同富裕的过程中，鼓励勤劳发展致富，鼓励依法经营致富，鼓励创业创新致富，鼓励先富带后富的致富。

推动包容性创新，对于解决当下经济发展中出现的社会问题具有现实意义。比如，在改革开放初期，我国实行以按劳分配为主的多种分配方式，打破了平均主义，民众积极性高涨。随着移动互联网技术的普遍应用，"数字鸿沟"的出现拉大了不同群体之间的差距，在互联网的应用方面存在很多不平等。包容性创新要求在追求科技进步的同时，考虑更广泛人群的需求，激发更多人的创新活力，因地制宜解决老百姓在生产生活中出现的难题，实现"草根"创新①。

经济增长是共同富裕的物质基础，但是还需要考虑到 BOP 群体所面临的社会排斥，实现参与经济活动机会的公平和平等，并合理分配经济增长带来的成果，这就是包容性发展。包容性发展方式与传统发展方式相比，核心区别在于社会中存在的排斥与割裂（见表2-2），包容性发展方式强调广泛的人员参与，包括 BOP 群体；而传统的发展方式经常将部分人群排除在外。包容性发展的核心问题是在经济增长的前提下，怎样体现竞争和机会平等，也就是如何实现共同富裕的问题。

---

① 陈宇庆. 让包容性创新惠及更多人群[N]. 经济日报，2016-12-05（13）.

表 2-2　包容性发展方式与传统发展方式的比较

包容性方式	传统方式
广泛的人员参与和机会分享	大多数人被排除在经济增长成果分享之外
人员和其网络像仓库一样不断形成和改变知识	人们被动地接受知识
聚焦能力建设	聚焦自上而下的培训,缺乏整合当地知识系统
同时满足国内外市场需求	出口导向,聚焦产出的数量增长
城乡平衡、工农业平衡、经济增长和环境可持续性平衡	城乡之间、现代部门和传统部门之间、经济增长和环境持续恶化之间的巨大差距
提升相互联系以及系统整体有效性和效率	割裂的国家和区域创新系统
参与者之间新且灵活的体制或规则	参与者之间僵硬的官僚主义形式

资料来源:张超群,吴晓波.包容性增长的微观机制和机会来源:创业与金字塔底层[J].科技进步与对策,2013(9):1-4.

(三)包容性创新的模式

包容性创新涵盖的范围并不局限于技术创新,还包括体制创新、组织创新、金融创新、流程创新等,但在初始阶段,往往指的是技术创新。针对包容性创新有两种非常重要的模式①:

(1)基于 BOP 的"自上而下"的模式。这种模式以较低的创新投入,获得更多的能够惠及 BOP 群体的创新成果(getting more performance from less cost for more people)。在该模式中,政府和企业要充分挖掘 BOP 群体的消费需求,为他们提供创新性的产品和服务。从全球范围来讲,这是将约 26 亿人的 BOP 群体真正纳入创新体系和发展体系。例如,中国科学院在农村医疗、农村健康和低成本、高质量器械领域寻找突破口,现已实现

① 吉瑞.促进包容性创新,推进共同富裕[J].华东科技,2022(1):42-45.

低成本血液透析、健康大检查、乡镇健康检查站等项目,弱势群体也得到了优质的医疗服务。

（2）自下而上的模式,如合作创新或团体创新,众多 BOP 群体聚集起来解决他们自己或其他人的问题。在这种模式中,创新主体是 BOP 群体,政府更加重视社会底层的能力建设,为他们提供更多的资金、培训等机会;探索小规模市场的可行性,并具有更多的社会目标导向;政府、社会和公众企业在其中发挥非常重要的支撑作用。例如,来自江苏丹阳的马锁才研发出国内首台荸荠采集机,他从粮食收割的全程机械化中获得灵感,尝试用采藕机来采挖荸荠,但是效率太低,通过一次次的实验和对机器的迭代,最终定型了荸荠采集机,大大提高了采集效率。自下而上的创新模式最初是以个人兴趣为导向的,并且没有强大的技术支撑,创新成功的概率不高,具有一定的随机性。

第二节　包容性创新实现共同富裕的发展

一、全球包容性创新的发展现状

包容性创新的理念和实践已经在全球范围广泛传播,并且发展迅速。近十几年来,重经济增长、轻社会平等已经导致全球财富和收入不平等程度达到历史高点。尽管世界经济不断增长,但 29 个发达经济体中的 20 个在社会包容性方面下滑或维持原状。2018 年,全球新增财富中的 82% 流入了全球 1% 的富人手中,而占到世界人口一半、约 37 亿贫困人口的财富却没有增加。在分析全球包容性创新现状时,世界经济论坛发布的《2018 年包容性发展指数》引入了综合性指标——包容性发展指数（inclusive development index，IDI），该指标衡量了经济体在三个方面的状况，即增长与发展（人均国内生产总值、就业率、劳动生产率），包容（基尼系数、贫困率），代际公平与可持续性（供养比率、调整后净储蓄）①。在对国家进行综合排名时，全球经济体被划分为两大群组（发达经济体和发展中经济体）。与仅通过人均国内生产总值一个指标评定相比，使用包容性发展指数衡量更加全面，一个国家包容性发展指数的绝对排名显示其包容性发展程度。在包容性发展指标将人均国内生产总值作为其 12 项指标之一的情况下，包容性发展指数和人均国内生产总值排名相关性很高②。

挪威拥有最高的包容性发展水平，澳大利亚、丹麦、奥地利、挪威、瑞士这些国家包容性创新的总体绩效高，人均国内生产总值的增长规律是一致的，但是有三个发达国家新西兰、捷克、斯洛伐克的包容性发展排名比人均国内生产总值排名高很多，说明这些国家虽然人均国内生产总值较低，但是具备包容性发展的条件。需要指出的是，美国的包容性发展排名第 23 位，其人均国内生产总值排名第 9 位，两个评价指标之间的差距在所有发达经济体中是最大的。包容性发展指数是由三个部分构成的，即使综合指数排名相当的国家，在三个不同方面还是存在明显的差异，如美国代际公平与可持续性排名较低，但综合排名高，这表明了一个经济体可能在包容性和可持续性发展方面存在某些隐形的问题。

---

① World Economic Forum. The Inclusive Development Index 2018-Summary and Data Highlights［R/OL］.（2018-01-19）［2024-01-03］. https://www3. weforum. org/docs/WEF_Forum_IncGrwth_2018. pdf.

② 萨曼斯，布兰科，柯立根，等. 直面包容性增长和发展的挑战［J］. 张大川，译. 国际社会科学杂志（中文版），6，10，82-131.

发展中经济体的包容性发展指数与人均国内生产总值的相关性较低,82 个发展中经济体有 18 个的包容性发展指数比人均国内生产总值排名高 9 位,其中阿塞拜疆、尼加拉瓜、越南、柬埔寨、孟加拉国、尼泊尔等国家表现亮眼,这些国家的包容性发展指数比人均国内生产总值排名高出 20 位及以上,说明这些国家的发展更具有包容性和可持续性;有 16 个经济体的包容性发展指数比人均国内生产总值排名低 9 位,其中南非、纳米比亚、斯威士兰、尼日利亚、赞比亚、毛里塔尼亚等国家两个指标排名相差 20 位及以上。

六个欧洲经济体立陶宛、匈牙利、拉脱维亚、波兰、克罗地亚和罗马尼亚在包容性发展方面表现尤其出色,可能受益于欧洲经济体的包容性;金砖国家的表现好坏参半,俄罗斯领先中国、巴西、印度和南非;土耳其、墨西哥、印度尼西亚和菲律宾这四个国家显示了一定的发展潜力。

二、中国包容性创新的发展现状

从 1978 年至 2021 年,中国 7.7 亿农村贫困人口摆脱贫困;按照世界银行国际贫困标准,中国减贫人口占同期全球减贫人口 70% 以上,在脱贫方面取得了巨大成就。改革开放以来,政府出台了一系列促进包容性创新的政策,推进大众创业、万众创新,是发展的动力之源,也是富民之道、公平之计、强国之策,催生了创业创新活力。

中国的包容性创新主要是政策驱动的,包括 1986 年的星火计划,即依靠科学技术促进农村经济发展的计划,"科技的星星之火,燃遍中国农村大地",大力开发具有地域优势的产品,促进乡镇企业振兴;1999 年国务院批准设立的科技型中小企业技术创新基金,吸引地方政府、企业和金融机构等对中小型企业进行投资,鼓励企业自主研发新技术①。从整体上看,政策驱动型包容性创新取得了不错的成果,但是由于面向的创新主体是企业,不少处于金字塔底层的个体没有得到实质性的优惠。表2-3对中国包容性创新政策进行了整理。

表2-3　中国包容性创新政策

时间	实施对象	计划名称	实施部门	主要内容
1986年	农民	星火计划	国家科学技术委员会	依靠科学技术促进农村经济发展的计划,"科技的星星之火,燃遍中国农村大地",大力开发具有地域优势的产品,促进乡镇企业振兴
1999年	中小型企业	科技型中小企业技术创新基金	科技部、财政部	吸引地方政府、企业和金融机构等对中小型企业进行投资,鼓励企业自主研发新技术
2004年	农民	国家粮食丰产科技工程	科技部、农业部、财政部和国家粮食局	立足东北、华北、长江中下游三大平原,制定三大粮食作物高产高效目标
2005年	农民	科技富民强县专项行动计划	财政部、科技部	贯彻落实科教兴国战略,依靠先进科技使农民增收致富,推动经济健康可持续发展
2007年	农民	家电下乡	财政部、商务部	顺应农民消费升级的趋势,开发、生产适合农村消费特点、价廉物美的家电产品
2009年	农民	科技特派员	科技部、人力资源社会保障部、农业部等八部门	围绕解决"三农"问题和农民看病难问题,按照市场需求和农民实际需要,进行科技成果转化和优势特色产业开发,建设农业科技园区和产业化基地
2012年	基层	科技惠民计划	科技部、财政部	面向基层,依靠科技进步与机制创新,加快社会发展领域科学技术成果的转化应用

---

① 郝君超,李哲.中国推进包容性创新的实践及相关思考[J].中国科技论坛,2015(4):35-40.

续表

时间	实施对象	计划名称	实施部门	主要内容
2013 年	全民	创新驱动发展战略	中共中央、国务院	经济增长的本质是创新推动,需要继续强化自主创新
2015 年	全民	大众创业,万众创新	国务院	在 960 万平方公里土地上掀起"大众创业""草根创业"的新浪潮,形成"万众创新""人人创新"的新势态,激发民族的创业精神和创新基因

资料来源:根据科技部网站及地方科技厅提供的资料整理而成。

三、包容性创新对中国的重要意义

包容性创新对中国未来发展有着重要意义,下面从三个方面进行阐述。

(一)促进可持续发展

改革开放以来,我们党领导全国各族人民坚持和发展中国特色社会主义,我国经济快速发展,综合实力大幅提升,已成为世界第二大经济体。但由于以往的经济发展方式较为粗放,生态破坏、环境污染等问题凸显,不仅给发展带来负面影响,而且在一段时间内也成为民生之患、民心之痛,加强环境保护是发展所需、民生所盼[①]。包容性创新强调在人类共同面临生存环境极大挑战的今天,要求所有涉及的技术,包括生活使用的和赖以创业的技术,必须是环境友好和可持续性的技术;从经济发展与环境保护两个方面同时发力、相向而行,实现两者有机融合、良性互动。包容

---

① 李公乐.正确认识经济发展与环境保护的关系[N].经济日报,2019-12-18(12).

性创新本身体现出参与生产机会、权利的平等性,所有个体分享参与经济发展和获取经济发展成果的机会,它没有通过牺牲经济效率追求社会公平,而是通过机会和参与平等实现社会公平,在公平的生产背景下实现自身目标和价值,如能力提升、社会认可、被社会尊重等,有助于实现可持续发展。

（二）科学调整收入分配关系

从 20 世纪末至 21 世纪初,中国正处于向市场经济转型的阶段,经济高速发展,但是从经济和社会发展的角度看,国民收入分配格局不尽合理①,劳动者报酬占国内生产总值的比重以及居民收入占国民收入的比重逐年下降,造成这个现象的原因主要在初次分配领域,初次分配是以按要素分配为主的,居民的劳动者报酬份额和财产性收入减少共同导致了居民收入份额的占比下降,因此对初次分配领域的改革有助于改善收入分配的现状。包容性创新注重对经济活动成果的合理分配,合理调整劳动者特别是 BOP 群体收入,缩小贫富差距,逐步推进共同富裕。以企业用工机制为例,包容性创新强调的机会平等体现在职工聘用和薪资的平等,若一个企业内部的薪酬差异大,存在同工不同酬的现象,则企业应该加强对聘用制度的管理,同时制定相关处罚条例,尤其是针对临时工、农民工等低收入人群,维护 BOP 群体的权利,有利于调整收入分配。

（三）实现社会公平公正

占据社会主流地位的群体在竞争规则、政策法规上对处于金字塔底层的弱势群体存在社会排斥,弱势群体在为经济增长做出贡献的同时无

---

① 臧萃妮.包容性增长下收入分配研究[D].济南:山东大学,2012.

法得到相应的回报,不能享受城市公共产品和服务,这与包容性创新是相悖的。包容性创新要求在推动弱势群体个人能力发展的同时关注社会公平公正,对于低收入群体,单个个体的购买力是有限的,而整合之后这一群体显现出高度的购买力,包容性创新模式对于形成一个实现底层共同繁荣和社会公平公正的系统来说,有着积极的意义。

四、实现共同富裕的包容性挑战

作为经济区域结构的重要领域,城市和农村的经济发展不平衡问题一直备受关注。城乡发展不平衡最具典型性和代表性,是各种发展不平衡不充分因素互相交织、动态变化的集中体现,成为新发展阶段制约我国全体人民共同富裕目标实现的最大难点。乡村振兴战略旨在推进农业农村现代化,促进乡村全面发展,缩小城乡发展差距,加快补齐共同富裕的"最大短板"。在全面推进乡村振兴的过程中面临城乡要素流通不畅、乡村产业体系构建不完善、基础设施和公共服务存在短板、城乡收入差距较大等问题,制约农业农村现代化的实现,进而影响扎实推进共同富裕的进程[①]。

城市化是伴随着工业化而出现的人口向城市转移的过程,它极大地促进了经济的发展[②],改革开放以来,中国城镇化率由1978年的17.9%提高到了2021年的64.92%,人均国内生产总值大幅增加,但是经济增长带来的经济成果并没有平等地惠及每个人,农村贫困地区在医疗、教育等领

---

① 刘明月,汪三贵.以乡村振兴促进共同富裕:破解难点与实现路径[J].贵州社会科学,2022(1):152-159.

② 陈义国,陈甬军.中国的城市化与城乡包容性增长[J].暨南学报(哲学社会科学版),2014(10):87-94,162.

域的服务水平较低,城乡的发展差距大,影响经济社会的共同发展。城市化通过人口流动的资源配置效应缩小了城乡经济发展的差距,但是公共品方面的差距还需要政府未来将更多的资源投入于农村公共品的提供。在这样的背景下,包容性创新不仅要求城市和乡村的居民分享经济活动的成果,还要求平等分享社会公共品,这有利于城乡居民在经济和公共品方面差距的缩小,促进城乡一体化发展。

为了更好地实现共同富裕,我国强调科学发展,以人为本,社会和谐,将包容性发展的元素融入政策方针,在推动包容性创新方面有着很多好的做法①。例如,致力于创造和谐社会、缩小收入差距并改善基本公共服务;遍布全国的完善的基础设施和通信技术设施;发达的创新体系;快速成长的企业大部分拥有较强的制造业和逆向创新能力;一个拥有巨大潜在购买力的庞大国际收支服务贸易市场,能够为私营部门和其他参与者提供参与包容性创新的增长机会。当然,现阶段我国仍是最大的发展中国家,想要实现全中国共同富裕,还有很长的路要走②。

第三节　包容性创新实现共同富裕的模式

包容性创新为弱势群体消除社会排斥,创造机会平等的创新活动,使弱势群体能够参与高增长、高利润的企业发展,从而实现共同富裕。基于包容性创新的共同富裕实现路径主要有以下四种方式:数字技术驱动的共同富裕发展模式、资源互补型的城乡一体化模式、生态协同型的特色化

---

① 陈宇庆.让包容性创新惠及更多人群[N].经济日报,2016-12-05(13).
② 云霞.在包容性发展中实现共同富裕[N].中国信息报,2021-06-01(2).

集群发展模式以及社会支持型的包容性创业模式。

一、数字技术驱动的共同富裕发展模式

数字技术是推动包容发展与共同富裕的有效道路，能够降低 BOP 群体的信息成本和价值创造活动的门槛，为 BOP 群体提供更优质的服务，帮助其提升技能、解决起步资金等难题，有助于增强 BOP 群体的自尊和自信，实现包容性创新。数字技术的连接功能与大数据平台的有效配置能够提高乡村生产效率，加快构建现代农业、旅游业等产业体系，补齐发展短板，促进经济发展，推动农村第一产业、第二产业、第三产业深度融合，实现对 BOP 群体的机会包容与参与包容。

从供给端来看，一方面，数字技术提高农业全要素生产率，推动农业供给侧结构性改革，帮助实现农业生产的智能管控、精准运行和科学管理。例如，遥感技术、卫星定位系统、通信和网络技术等农业物联网技术与传统产业的融合，使农户能够完成智能灌溉、精准施肥等精细化操作，实现农业的精准管控，降低农业生产成本。另一方面，除了提供农副产品，农村还具有天然的生态环境和历史遗迹等资源，适宜拓展特色观光、休闲疗养等服务产业。借助数字技术，农村可以建立数字景区，形成营销、购票、游览、餐饮、导游一站式数字化服务，提供高质量的旅游体验。在此基础上，数字技术还能有效带动创意设计等相关产业的兴起，进一步催生农村电商、农村康养、民俗旅游等行业，这些行业能够提供更多的就业岗位，帮助农村的低收入群体脱贫致富。

从消费端来看，数字技术能够优化信息获取途径、推动信息共享透明化，帮助农村供给端打破地域限制，掌握消费市场的需求信息，有助于推

广本地产品和服务。一方面,数字平台能够及时、准确、连续地为农户提供农产品价格和销售等市场信息,农户据此可以调整农业生产结构和农产品销售策略,实现农业生产、交易、服务环节的互通互融,减少农产品的无效供给和盲目销售,保证农产品实现价值增加。并且,通过建立农产品全产业链大数据中心,数字平台对生产体系、经营体系、管理体系进行数字化深度融合,实现"生产有记录、信息可查询、流向可跟踪、质量可追溯、产品可召回、责任可追究"的产业链条。另一方面,基于电商平台、社交网络、在线旅游和外卖平台等渠道的"直播带货""内容电商"等新业务、新模式在农村地区广泛推广,本地的特色商品、自然风光、文化旅游资源得以及时向外发布,进一步发掘了农业农村的多元价值,有力地带动了农产品和乡村旅游、餐饮及民宿等产业的发展。例如,字节跳动开展了两个主要的扶贫项目,分别是"山货上头条"与"山里 DOU 是好风光"①,前者是帮助销售贫困地区的特色农产品,后者是吸引消费者到贫困地区旅游。字节跳动通过支持与推进扶贫相关内容的创作与供给,进而促进这些内容与平台需求侧用户的匹配与连接,推动了平台用户对扶贫产品、贫困地区旅游资源的消费。

【案例 2-1】　"快招工"直播招聘②

2022 年 1 月,快手在部分账号的直播间上线了名为"快招工"的直播招聘功能,定位蓝领招聘。能够提供合规资质证明的企业或是

---

① 邢小强,汤新慧,王珏,等. 数字平台履责与共享价值创造——基于字节跳动扶贫的案例研究[J]. 管理世界,2021(12):152-176.
② 搜狐. 我在快手找工作[EB/OL].(2022-02-17)[2022-02-24]. https://www.sohu.com/a/523416766_114837.

劳务中介都可以在直播间展示职位，开展招聘。直播间同时提供报名入口，求职者只需留下联系方式，即可完成职位投递，招聘方会在"快招工"后台查看收到的联系方式等，再进一步推进招聘流程。

事实上，蓝领劳务市场很多时候比我们想象的更复杂。其业务链长，涉及招聘、管理、发薪等环节，并且涉及的机构包括劳务中介、发薪机构、人力管理机构等。这样的结构组成了蓝领招聘巨大的体量，同时也造成了信息的极不对称，多年来被线下网点、外包服务商等群体分割而治。

一方面，由于蓝领的进入门槛非常低，容易让那些发布虚假职位、冒充雇主进行招聘的黑中介钻了空子。另一方面，处于弱势的蓝领群体普遍文化水平不高，他们缺乏分辨信息真实性的能力。并且，蓝领群体大多背负外债，或者肩负着生活的重担，迫切需要找到一份养家糊口的工作。这些原因都使他们容易在找工作的过程中受到欺骗和压榨。

"快招工"直播招聘在一定程度上给蓝领群体营造了一个健康的求职环境，解决了找工作的"信任"问题。职位信息是否可靠、承诺是否可以履行，这些都关系到招聘的真实性。以往蓝领找工作，都是通过线下（如亲友介绍或者直接去工厂看是否有张贴招聘启事）以及一些当地的信息网或比较大众的招聘网站，但这些只停留在口头或书面的招聘信息常常并不足以令求职者对一份工作有充分了解，反而容易上当受骗。从信息传播媒介的角度而言，快手这样的短视频（直播）平台，在提供招聘服务时反而拥有自己独特的优势。这种优势体现在视频的直观性上。快手上的招聘类主播日常会更新一些用工企业工厂环境(包括住宿、食堂、车间和休闲设施等)的实拍短视频,并且在直播中,会在展示视频的同时对招聘职位做更深入的讲解。通过主播的直观展示,求职者能够对这份工作有初步判断。相比较于一些连工厂地址都不清楚的中介,直播招聘给蓝领群体提供了丰富的招聘信息,减少了信息不对称,增强了机会包容。

在数字化时代,数字技术是促进包容性创新和共同富裕最有效的方式。因为数字技术可以把产品生产者、服务提供者与远端消费者很好地连接在一起。首先,数字技术从外部的技术系统、社会服务和信息来源等方面将信息在不同群体间更均衡地分配,增强信息可得性,减少信息不对称,促进机会包容。其次,数字技术与互联网的发展打破了基于特定地理区域的 BOP 本地市场限制,拓展了 BOP 群体的创业机会范围与创业速度,同时降低了经济与社会交易成本,促进了 BOP 群体创业资源(尤其是金融资源)的可获得性与便利性,促进参与包容。最后,数字技术有助于明晰劳动来源和知识产权,帮助劳动者获得与付出对等的回报,促进分享包容。

二、资源互补型的城乡一体化模式

实现共同富裕,乡村振兴是必经之路。推进城乡发展一体化,是国家现代化的重要标志,也是实现农民全面发展、农业农村全面进步的基础所在①。在推进城乡发展一体化过程中,必须坚持共享发展理念,把改善农村基础设施和提高基本公共服务水平放在重要位置,提升乡村治理水平,

---

① 何自力.乡村振兴是实现共同富裕必经之路[N].经济日报,2021-09-22(11).

进一步夯实乡村振兴基础，推动城乡一体化建设。此外，建设绿色农业供应链是推动城乡一体化、共同富裕的重要抓手，其核心是优化资源配置，完善上下游补偿机制。农业作为绿色农产品的供给源头，往往是农业供应链体系关键风险的承担者，却很难成为绿色供应链体系核心利润的分享者。因此，优化我国绿色农业供应链创新利益分配机制和治理结构，完善上下游补偿机制，是打造城乡一体化"大动脉"的核心，是实现共同富裕的关键一环。将生产、分配、流通、消费各环节的不同参与主体纳入产权清晰、资源配置有效、利润共享、风险共担的上下游补偿机制，通过参与包容和分享包容让农业产业末端的从业者能够充分分享产业链升级带来的红利，只有这样才能够真正提升供给体系与国内需求的适配性，实现有付出、有获得、有机会、有发展的供给端和需求端良性互动。

总之，实现城乡一体化发展的关键在于加强战略规划与宏观布局，优化城乡一体化发展的制度框架。这要求加速建立促进城乡要素公平交易与双向流通的制度渠道，既要全力推进乡村建设行动，又要深化以人为本的新型城镇化进程，从而为乡村振兴战略的推进和全体人民共同富裕目标的实现筑牢根基。

【案例2-2】 嘉兴的城乡一体化共富模式①

嘉兴积极探索以城乡一体化推进共同富裕的新模式，把推进统筹城乡发展作为破解发展不平衡不充分问题的关键抓手，不断缩小城乡发展差距、提升人民群众生活水平，已然成为均衡富庶发展的先行地，走出了一条具有鲜明嘉兴特色的共同富裕之路。

---

① 嘉兴市委政研室.打造统筹城乡升级版 建设共同富裕先行市[J].政策瞭望,2021(7):57-59.

坚持市域一体,持续优化区域布局。嘉兴按照把市域作为整体进行"一盘棋"考虑的工作设想,在基础设施建设方面,重点推进交通一体化,实现一小时到沪杭苏甬、半小时市到县、所有镇(街)15分钟上高速的目标。在此基础上,嘉兴探索了公交一体化、污水治理一体化等市域共建共享模式,形成了"一幅图规划、一张网建设、一体化管理、一盘棋推进"的发展格局。

坚持城乡融合,系统重塑城乡关系。一方面,嘉兴在全市布局433个城乡一体新社区、1102个传统自然村落保留点,深入实施扩权强镇,引导和促进企业向园区集聚、人口向城镇迁移,大力培育特色小镇和小城市,城镇化率由2000年的38%提升至2020年的71.34%。另一方面,嘉兴大力发展乡村产业,积极推进城乡生态环境综合整治,开展美丽城镇和美丽乡村建设,极大地改善了城乡人居环境。同时,嘉兴深入推进图书馆文化馆总分馆、城乡教育共同体、县域医共体等建设,推动文教卫等公共服务向农村延伸,持续提升农民生活水平。

坚持包容增长,有效保障公平发展。嘉兴不断健全完善包容性的政策体系,建立城乡一体的就业政策制度,构建全覆盖、多层次、可持续的社会保障体系,建立覆盖城乡的社会"大救助"体系,实现城乡低保标准同标同保,探索"先富带后富"机制,创新"飞地抱团+低收入农户增收"等造血帮扶模式,促进分享包容。

坚持改革赋能,创新完善共富机制。嘉兴建立了城乡一体的户口登记和迁移制度,有力推动了农业转移人口融入城市、城镇。同时,嘉兴深化农村金融改革,全面推行并不断创新各类扶持农户生产经营的信用贷款，有效强化了城乡发展的要素支撑，促进参与包容。

三、生态协同型的特色化集群发展模式

2016 年 7 月，习近平总书记在宁夏考察时指出："发展产业是实现脱贫的根本之策。要因地制宜，把培育产业作为推动脱贫攻坚的根本出路。"①2020 年 3 月，习近平总书记在决战决胜脱贫攻坚座谈会上强调"要加大产业扶贫力度"②。产业扶贫是贫困地区内生发展活力和动力的"推进器"，是脱贫攻坚稳定和持续发展的根本路径。要使贫困地区真脱贫、脱真贫，就必须有产业的支撑和引领，注重因地制宜，将资源优势转化为产业优势，助推传统产业升级迭代，探索"可造血、可复制、可持续"的长效产业扶贫模式。

产业集群的最重要特点之一，就是它的地理集中性，即大量的相关产业集中在特定的地域。由于地理位置接近，产业集群内部的竞争以及自我强化机制将在集群内形成"优胜劣汰"的自然选择机制，刺激企业创新和企业衍生。由此也会形成一种既有竞争又有合作的合作竞争机制，其本质是互动互助、集体行动，也就形成了天然的包容性创新氛围。通过这种合作方式，中小企业可以在培训、融资、研发、市场等方面实现高效的网络化的交流和合作，以克服其个体规模经济的劣势，从而能够与比自己强大的竞争对手相抗衡。许多本来不具有市场生存能力的中小企业，由于参与了集群，不但生存了下来，而且还增强了集群的整体竞争力。

集群对包容性创新的影响主要集中在三个方面。第一，集群可以营

---

① 解放思想真抓实干奋力前进　确保与全国同步建成全面小康社会[N].人民日报,2016-07-21(1).
② 确保经得起历史和人民检验[N].人民日报,2020-03-10(1).

造有利于企业的创新环境,从而推动其积极参与包容性的创新过程。作为培养企业学习及创新能力的重要场所,集群能有效地连接各家公司并施加无形的竞争压力,促使它们持续推进技术的革新和管理的优化,以应对市场需求的变化。随着时间的推移,这种集群中的创新文化氛围会对集群内所有公司产生深远的影响,进而鼓励中小企业和低收入群体加入创新活动。

第二,集群有利于促进知识和技术的转移扩散,促进机会包容。在产业集群中,由于地理邻近性,企业间互动频繁,能够通过直接交流的方式加速各类新型思维、理念、科技和知识的快速传输,进而引发公司的知识外溢效果,助力中小企业提高其研发能力和创新能力。这种地理空间邻近性和共同的产业文化背景,既有助于显性知识在中小企业之间的传播与扩散,又能加强隐性知识的学习与传播,进而形成了隐性知识与显性知识的循环良性互动。例如,对于中小企业和低收入群体来说,他们可以通过实地参观与集群内先进的企业进行面对面交流,从而快速掌握最新的知识和技术,获取创新的机会。

第三,集群可以降低企业创新的成本,促进分享包容。通过聚集专用的集群资源,能够显著降低集群参与者为寻找各类有形与无形资源所花费的费用。此外,通过资源元素在集群所在地的市场化,产业链中的每一个步骤都能产生规模效益,从而使资源交易成本降低,进而削减企业的研发支出。同时,企业集群也为成员的竞争协作奠定了相互信任的基石,可以加强企业之间开展创新活动的协同,从而降低企业开发新产品和提供创新服务的成本,使中小企业和低收入群体更易于获取创新技术和商业资源,增强创新效益,有助于利润分配。

【案例2-3】 曹县表演服饰产业集群①

曾经的曹县，一直是山东省的经济洼地、省级贫困县，如今依托特色表演服饰产业集群走上了脱贫致富的逆袭之路。

1998年左右，曹县部分群众在农闲时以影楼服饰加工为营生，以开办手工作坊为主，到全国各地的戏班、剧院和影楼上门推销以补贴家用，但销量并不高。直到2008年，曹县大集镇有几户村民尝试开设网店，逐渐打开了销量，吸引了越来越多的农民加入其中，逐渐扩大了生产规模，迈上了发展之路。

乘着电子商务的东风，曹县表演服饰产业集群初具雏形，曹县庆生服饰有限公司、天浩服饰有限公司、一诺拉丁服饰有限公司等企业成了该产业集群发展之初的"种子"企业，一些还未注册企业的私营手工作坊、布匹原材料批发商成了最早的原料、服务供应商。针对国内各种传统节日民俗表演、舞台演出，曹县设计生产出了各种符合民族特色、价格低廉、款式新颖的表演服饰、配饰和道具布景，消费需求旺盛。同时，曹县政府紧跟发展形势，提出了"伊尹故里，淘宝兴乡"的发展观念，在全县形成了"人人做网购、户户有网店"的浓厚发展氛围，还逐步完善表演服饰企业所在地基础设施建设，新修道路，重新架设线路。为解决融资问题，政府成立了资金互助部，多家金融机构推出流水贷、电商贷、税易贷等金融创新产品，为产业集群内部企业提供一站式服务。

逐渐地，曹县表演服饰企业呈现出集群式的"扎堆"发展趋势。

①　刘晗.曹县表演服饰产业集群竞争力现状与提升策略研究[D].天津:天津大学.2017.

围绕表演服饰加工产业,曹县不断延伸产业链条,从初期的摄影服饰扩大到现在包括礼仪服饰、舞蹈服饰、古代服饰、民族服饰的配饰及道具布景等1000多种款式。在生产之初,原材料也需要到浙江、江苏等南方企业进货,而现在浙江、江苏的供应商纷纷入驻曹县服装辅料批发市场,为企业供应质优价廉的原材料、服饰辅料。表演服饰加工产业的发展也吸引了从事CAD打版、裁剪、绣花、缝纫、熨烫和精包装等的相关企业入驻,企业之间互相提供产品和服务,产业链条初步完善,表演服饰产业集群开始快速成长。

截至2021年5月,企查查数据显示,全国现存6415家演出服相关企业,其中,曹县有1517家,占全国近四分之一,占山东省近八成,是我国生产销售演出服最多的地方,且这些企业多半已成立超过5年。曾经的曹县,一直是山东省的经济洼地、省级贫困县,而这座相对边缘的普通县城,靠着自己的特色产业集群走上了脱贫致富的逆袭之路,从过去的贫困县发展为今天菏泽市的"龙头县"。农村电子商务的热潮更是助推了产业飞速发展。2020年,曹县的人均生产总值跃居菏泽市第一,省内排名从十年前的108名上升到55名①。

四、社会支持型的包容性创业模式

包容性创业是指可以促进社会包容性的创业,保证社会上的全体成员有平等的机会去创建企业、运营企业和从事自我雇佣式的活动,或者利

---

① 夏琼.2021年五大魔幻小城出圈记:从无名到爆火,离不开产业支撑[J].财富时代,2022(2):53-57.

用与创业相关的经验提高他们的技能和就业能力①。低收入群体有着一定的商业潜能,社会通过技术创新和商业模式创新满足 BOP 群体的内在需求或利用其创业能力,支持其进行创业活动,不仅可以收获巨大的经济效益,还能提高弱势群体的生活品质,从而减少甚至消除贫困。

首先,包容性创业聚焦为低收入群体创造经济收益,是走向共同富裕的必经之路。因为受限于受教育水平、地理位置、文化和其他结构性的阻碍因素,低收入群体难以享受到和其他社会成员同等的经济福利和社会保障。而通过实施包容性的创业项目,能够有效吸纳低收入群体参与商业活动,使他们有机会成为创业者。在项目实施过程中,其可充分获取并利用相关资源,进而提升自身的创业能力,最终实现与社会其他成员共同分享创业成果。这种方式使劳动力能够最大化参与社会经济活动,大幅减少贫困人口数量,促进国民经济的可持续发展和社会的共同富裕。

其次,BOP 群体具有很大的创业潜力。由于低收入群体一般都有很强的地域、文化、传统、宗教特征,他们往往掌握独特的技能,具有独特的文化认知。因此,这类人群参与创业活动,可以提供极具特色的产品或服务,也拥有不同于传统创业思维的认知,故而会产生意想不到的创业成果。

包容性创业致力于为低收入群体构筑与其他社会群体平等的创业机遇,使其得以掌控并共享创业收益,深度融入创业实践。该理念强调创业机会的均等性、过程的公正性以及创业主体的多元化,即便对于低收入群体,也能突破客观条件限制与社会固有偏见的桎梏,充分挖掘其自身创业

---

① 郑刚,陈箫,斯晓夫. 通过互联网技术与包容性创业减贫:东风村案例[J]. 科学学研究,2020(10):1818-1827,1887.

潜力。诚然,鉴于创业个体本质的差异,创业机会难以实现绝对公平,但包容性创业理念的践行,能够助力低收入群体更广泛且深入地介入商业领域,拓展其经济收入来源渠道,进而有效缓解贫困状况,推动共同富裕目标的实现。

包容性创业有利于提高低收入群体的满足感与幸福感。常言道,"授人以鱼不如授人以渔",为低收入群体提供补助的扶贫方式只能解决一时的问题,而包容性创业帮助他们建立"自我造血"的信心和动力,提升其"自我造血"的能力,使其从"自力更生,丰衣足食"中获取满足感与幸福感。

【案例 2-4】　跨境电商打破中小企业参与国际贸易的壁垒①

互联网的应用以及跨境电商平台的出现有效缓解了贸易不平衡问题。跨境电商平台作为新型贸易中介,突破时空限制,降低国际贸易成本,缩短外贸交易链条,促使更多中小企业甚至 BOP 群体平等直接参与国际贸易,推动共同富裕深入发展。

在贸易成本方面,中小企业通过跨境电商平台以更低的成本、更快的速度进入国内外市场,获得与大企业同等的市场竞争机会。首先,跨境电商平台突破时空限制,使企业宣传成本更低、宣传范围更广、广告投递更精准,大幅度降低产品宣传和市场搜寻成本。其次,跨境电商平台提供多种语言服务支持,减少沟通障碍,有助于降低沟通成本,提高交易效率。例如,速卖通和敦煌网为来自不同地域的消费群体提供英语、西班牙语、葡萄牙语等语言版本,打破交易双方的

---

① 张洪胜,张小龙. 跨境电商平台促进全球普惠贸易:理论机制、典型事实和政策建议[J]. 国际商务研究,2021(4):74-86.

语言沟通障碍。

在交易环节方面，跨境电商的模式去除了境外进口商和分销商环节，生产商直接与消费者或零售商进行贸易，大大缩短了交易链条，提升了供应链效率。企业寻找客户、售前沟通、线上支付、通关结汇等均可在跨境电商平台上完成，避免中间环节被各种中间商和代理商压榨利润，大幅降低交易成本，有助于提升中小企业经营效率、增加利润空间。同时，跨境电商平台更加透明的交易信息进一步降低信息不对称造成的贸易风险。

在中国电商蓬勃发展的大背景下，"淘宝村"作为一种包容性创业模式应运而生，广泛分布于全国各地。这一独特的包容性创业现象，植根于中国转型经济的发展阶段，其核心要义是将传统产业集群创新与新兴网络科技深度融合，此乃"淘宝村"孕育与成长的根基所在①。"淘宝村"所秉持的包容式创业策略，能够高效地挖掘并运用本地区资源，充分调动当地居民的特有知识与技能，发挥地域优势，降低运营成本，从而催生新的商业机遇，其主要模式有以下几种。

第一，自然资源利用型，众多早期"淘宝村"的成功，关键在于对本地独特资源的深度开发与充分利用。借助"淘宝"这一第三方电子商务平台，这些村落成功拓展了新的网络营销渠道，并将市场版图延伸至国内外更广泛的区域。以浙江临安的白牛村与新都村为例，这两个村落利用当地的山核桃资源销售相关农副产品，其产品销量已占浙江省市场的三分之一、全国市场的十分之一。

---

① 邓华，李光金.互联网时代包容性创业企业商业模式构建机制研究[J].中国科技论坛，2017(6)：24-29.

第二,知识技能拓展型,在偏远地区及经济基础相对薄弱的村落中,有一些传统工艺与民间秘方传承下来。以山东省滨州市博兴县的湾头村为例,该村毗邻鲁北地区最大的淡水湖——麻大湖,当地居民凭借巧手,将湖边的蒲草、柳枝编织成蒲垫、扇子、草鞋、简易家具等日常用品。草柳编技艺在当地代代相传,历史逾800年。随着网络购物的蓬勃发展,村中刚毕业的大学生将这一传统手工艺品引入"淘宝"平台销售,使这些手工艺品迅速成为热门商品,湾头村随之声名鹊起,跻身全国知名"淘宝村"。目前,该村从事互联网商业的人数已超3000人,全村电商销售总额突破亿元大关。

第三,硬件设施带动型,"淘宝村"在发展初期,普遍面临基础设施薄弱的困难,包括道路、运输、电信、电力等关键领域。然而,"淘宝村"的兴起,成为基础设施建设的催化剂,促使当地政府与社会资本加大对这些领域的投入。随着基础设施的逐步完善,当地的物流效率不断提高,信息流通速度变快,这为电商产业的进一步发展提供了有力支撑,进而带动了当地经济建设水平的快速提高,形成了基础设施建设与经济发展相互促进的良性循环。

第四节　包容性创新实现共同富裕的政策建议

包容性创新促共富的发展道路离不开政策的制定。政策的设计和完善为包容性创新提供了价值基础和行动指南,统一了各个参与角色的方针路线,推动创新活动的顺利进行。制度保障、普惠金融、创新培训和文化氛围是政策框架的四大主要内容。

一、建立制度保障，奠定发展基石

为了推动包容性创新的持续发展，我国需要从制度层面建立起完善的包容性创新政策框架，设立针对包容性创新的激励手段和政策措施，并且在合适的范围推广，从统一规划协调、主体激励制度以及资源支持制度几个方面进一步推进共同富裕的进程。

第一，统一规划协调。在关于包容性创新的政策制定方面，通常是各个部门根据自身情况和需求制定专门的相关政策，但是在制定政策的过程中缺少整体的协调配合，造成我国各区域、各层级的包容性创新政策缺乏总体的规划与结构布局。例如，农村信息工程由农业农村部牵头，金太阳工程与家电下乡政策由财政部牵头，各部门在推出这类政策时缺少相互沟通，可能造成部分资源投入的冗余。造成这一问题的主要原因可能是国家还不够重视对包容性创新政策的整体规划，在现有的行政系统中还未成立专业的组织机构构建其顶层设计。因此，为推动我国包容性创新政策措施的体系建立与有效执行，需要在国家宏观层面成立组织协调机构，结合实际情况和发展战略，统筹设计合适的包容性创新政策框架，统一调配各相关部门的资源与活动，提高整体的创新管理的效率。2022年，我国国务院国资委成立了科技创新局，以推动中央企业的科技创新。但是，在包容性创新方面，我国还应继续重视这一创新主题下相关政策的顶层设计与系统协调。

第二，主体激励制度。在传统的国家创新体系中，创新资源主要集中于高校、科研院所与企业等组织，主要关注高精尖技术领域的前沿创新话题。在创新研究的热门话题中，包容性创新通常只占较小一部分。然而，包容性创新是我国推进共同富裕的有效途径,需要通过激励政策引导创新主题研究更多地关注这一话题。一是我国应进一步完善现有评价体系与激励机制,向包容性创新导向倾斜。在创新的研发端,应科学调整现有的研发资源配置方式,鼓励高校与科研院所的研究人员更多地关注包容性创新的研究课题,为 BOP 群体开发针对性的创新产品或服务,将包容性创新的相关研究课题列入学术基金资助的优先范畴,尤其是可显著改善 BOP 群体生活水平或可提升其生产能力的创新项目。例如,中国科学院在知识创新工程中设立了"低成本健康工程"专项计划,在许多包容性创新课题的重点难题上取得突破,有效解决了农村基层医疗卫生领域存在的关键问题。二是激励以企业为代表的私营部门开展与包容性创新产品和服务相关的商业活动。在创新的技术应用端,一方面,部分创新主体对包容性创新的目标群体存在一定的误解,认为其消费能力较低,只有较小的高科技应用前景,商业盈利空间不大,不愿意把精力投入将相关创新转换为应用成果的工作。事实上,包容性创新并不意味着低技术含量。相反,由于 BOP 群体缺乏使用高科技产品的历史经验,也没有形成对过往创新技术和产品的依赖,在使用新产品和服务时,通常不存在转换成本,能够迅速引入最前沿的技术成果,大大降低了创新主体开拓新产品市场的成本。从这个角度来看,BOP 群体可以被视为庞大的潜在消费群体,针对这一群体用户的包容性创新思维是产生颠覆性和破坏性创新的关键驱动力。因此,应从政策导向方面激励以企业为代表的创新主体积极投身包容性创新实践并推动创新成果商业化,挖掘 BOP 群体的新科技应用潜力。另一方面,创新活动本身就存在极大的不确定性和风险,而且包容性创新回报预期较低且周期较长,这导致许多企业不愿意参与包容性创新项目。

为了解决这一问题,地方政府可采取税费减免、技术费用补偿和政府采购等多项优惠政策进行激励。三是积极引导更多的非政府、非营利性质的社会公益机构等第三方机构参与包容性创新活动。由于这类组织长期在 BOP 群体中开展活动,对于这一群体的实际状况和需求有更加深入的了解,能够提供创新所需的目标用户相关知识,其积累的历史经验和资源也可以促进创新活动的顺利进行。

第三,资源支持制度。由于包容性创新的外部性特征,效益回报周期较长,只有在用户达到一定规模后才能获益,使该领域的创新创业项目很难获得投资。而且,此类创新活动本身就具有极大的风险与不确定性,需要引导创新主体更多地关注长远利益而不是短期利益。所以,要解决市场失灵的难题,政府需要在包容性创新的研发、生产与市场推广等各个环节投入更多的资源,以确保对该领域进行投资能获得长期的综合效益。一是政府应当建立包容性创新和创业的相关资助计划,向针对 BOP 群体的创新创业课题和研究项目提供支持,缓解包容性创新与创业活动的资金压力。二是在风险资本市场建设过程中,政府应重点关注包容性创新创业项目的早期发展,引导更多创业投资的社会机构进入包容性创新产业,并推出减免税收与财政资助等一系列优惠政策。在这一基础上,逐步建立全生命周期的综合融资系统,针对不同领域发展出专业的投资团队,打造健康可持续的市场化投融资体系。

二、完善普惠金融,撬动共富新格局

普惠金融是金融领域脱贫攻坚、共同富裕的重要途径,用市场力量将贫困地区的资源禀赋转化为生产要素,帮助 BOP 群体过上小康生活,帮扶落后地区的人们赶上时代的步伐。通过创建包括银行、保险、小额贷款等普惠金融体系,为BOP群体提供可负担的金融服务,形成了多层次、全方位精准扶贫的金融体系。为了进一步提升普惠金融对于共同富裕的促进作用,其相关政策还需从以下几个方面进行突破。

第一,构建普惠金融成本可负担、商业可持续的长效机制。激励各类市场参与者投身普惠金融事业,积极提升其参与度与创新力,进而优化构建包含多层级、多元主体的普惠金融架构,确保市场在金融资源分配中发挥关键性主导作用。激励各类市场实体机构投身普惠金融领域,完善其组织架构,凸显市场在金融资源配置中的核心地位。一是引导银行机构各司其职且相互协作,促使大型银行在普惠金融服务中扮演引领角色,激励地方法人银行秉持服务BOP群体的理念,明确开发性银行及政策性银行在普惠金融中的职责。二是借助保险机制分散风险,搭建普惠金融的保险保障体系。三是要加大针对BOP群体在普惠金融领域的优惠政策和资源倾斜力度,加强法律制度保障,完善基础设施建设,加大基层治理投入,构建一套促使大众敢于尝试、愿意参与且具备实施能力的制度框架,以满足BOP群体的金融诉求,助力普惠金融稳健前行。

第二,为BOP群体定制个性化金融普惠方案。为BOP群体建立贫困户档案卡,设立普惠金融工作站,根据个体需求及其资源禀赋精准开发金融产品,快速获取、识别和分析贫困地区和贫困人口情况,提供"投融资+信息分析+电商+物流+支付结算"的一站式普惠金融服务,解决贫穷落后地区的产业升级滞后、市场信息缺失以及销售渠道不畅等问题,打造措施更到位、利率更优惠的金融扶贫新模式,让更多农户、小作坊、农庄享受到开放、便捷、安全的金融服务。

第三，持续打造数字普惠金融发展健康环境。一是巩固数字普惠金融的基础支撑，需要加快 5G 网络和大数据基础设施建设，扩大各类信息技术的覆盖范围，尤其是加强针对 BOP 群体及偏远地区的数字基础设施建设，提升金融服务实体经济的广度和深度，帮助 BOP 群体增加收入。二是应加强数据连通性，消灭"信息孤岛"。由于传统金融中存在信息不对称的问题，需要建立专门的数据平台打通各子部门的内部数据，使数据源头可追溯、数据使用有依据，有利于减少资源投入冗余，并且精准定位资金需求，提高金融服务的质量和效率。三是提高居民数字金融素养。为了增强 BOP 群体使用数字金融服务的意愿并提升其使用效能，一方面，需强化数字金融业务的宣传推广，广泛普及基础金融知识；另一方面，应提供针对性的学习课程，旨在缩小"数字鸿沟"，减小该群体被金融体系边缘化的风险。通过这些举措使 BOP 群体充分享受到科技红利，进而推动社会财富共享以及金融包容性的全面提升。

三、拓展创新培训，深化共富效应

由于 BOP 群体知识单一，经验不足，在资金实力和心态、经验等方面有明显的欠缺，因此，开展创新教育势在必行。创新教育可以提高 BOP 群体的创新基本素质，培养他们的开创性个性和创新精神。创新教育的实施有助于消除 BOP 群体在创新中表现出的自卑、盲目、草率等现象，对于强化 BOP 群体的创新意识、提高他们的创新成功率具有重要意义。但是，我国针对 BOP 群体开展的创新培训相对欠缺，而且在创新教育的实施主体、课程设置等方面较为混乱，不足以满足包容性创新的需求。因此，可以从以下几个方面提升 BOP 群体的创新培训。

第一,根据BOP群体的创新培训需求,因人、因地制宜制定培训内容。创新培训需要针对不同地区、不同行业以及不同基础水平的BOP群体制订计划和内容,力求能够针对具有不同需求的群体开展个性化的创新培训,实现包容性创新创业绩效的有效提升。

第二,改善培训条件,更新学习方式。一方面,加大培训资金投入,改善BOP群体创新培训环境,改进培训条件,优化培训设施,不断提高培训质量,以吸引更多的BOP群体参与创新培训,并提高其主观能动性,有利于产出更好的创新成果。另一方面,充分利用丰富的网络资源,采用线上与线下相结合的方式,通过在线学习教育平台将传统的线下教学资源和线上网络优质师资协同整合,使BOP群体可以根据自己的学习方式、学习兴趣、学习特征及学习需求选择合适的资源,做到随时随地学习,突破时间和空间限制,降低学习成本。

第三,促进建立全国范围的包容性创新网络,鼓励各区域的包容性创新机构开展合作,促使政府部门、高校、科研院所、企业与民间机构等自发建立针对BOP群体包容性创新的培训课程以及帮扶计划,包括短期培训、讲座、论坛、沙龙等,帮助其建立系统的创新理论,掌握全面的创新知识。此外,机构可以根据情况为BOP群体提供合适的创业机会,通过"干中学"帮助其在实践中进一步理解创新活动,提升包容性创新效果。

四、培育文化氛围,引导广泛参与

包容性创新的社会文化氛围是支持包容性创新发展的关键要素,对于激发包容性创新意识以及提升创新效果发挥着积极作用。在新时代、新形势下,在制度创新和技术创新的基础上,既要坚定文化自信,充分发挥中华优秀传统文化的整体观、系统观、和谐观与人本主义等价值导向，发扬中华优秀传统文化中的创新精神，又要借鉴世界范围多元文明的文化成就，积极营造包容性创新的文化和社会环境，将集体主义价值观与尊重个体创造力、批判性思维、科学管理等文化理念相结合，向 BOP 群体弘扬新时代科学家精神和企业家精神，持续完善和巩固社会全范围的包容性创新文化基础。

第一，树立包容性创新榜样。在营造创新环境与氛围的过程中，应坚定不移地倡导包容性创新理念，向公众宣扬包容性创新的杰出成果，注重树立典型，充分发挥发展先锋的引领作用。针对特定 BOP 群体，营造积极的创新氛围，用他们的身边人、身边事来教育、影响并感召他们，建立他们的创新自信，激发他们的创新动力。

第二，文化宣传方式多样化。文化宣传是引导民众参与包容性创新活动的有效手段，应采取线上线下宣传方式相结合的方法。一方面，利用微博、微信等新媒体大范围高效率宣扬包容性创新理念，另一方面，通过举办线下展览、海报宣传等方式将包容性创新文化推送到大街小巷，使包括 BOP 群体在内的全体国民都认识到创新是一项改善个体生活，实现人生价值，促进社会发展、经济增长的重要工作。

第三，营造鼓励创新、包容失败的文化环境。一方面，破除对科技创新"只许成功，不许失败"的老观念，将创新探索、鼓励试错的文化渗透到教育、家庭及社会的各个层面，引导民众宽容但不纵容失败，正视失败并从中收获经验和财富。例如，浙江省人力资源和社会保障厅针对大学生创业失败制定的"代偿"贷款政策，大大增强了他们的创业动力和信心，建立了浓厚的创新创业氛围。另一方面，针对被列入失信名单的创业失败者,如果他们没有严重的失信和违法行为,仅仅是因为创业失败而导致的破产和失信,而且其具有再次尝试创新创业的意愿,可以考虑给予其东山再起的机会,将其从失信名单上撤销。

第三章

社会创新与共同富裕

2021 年 8 月 17 日,习近平总书记在中央财经委员会第十次会议上强调:"共同富裕是社会主义的本质要求,是中国式现代化的重要特征,要坚持以人民为中心的发展思想,在高质量发展中促进共同富裕。"①面对日益突出的收入与财富分配不均、社会流动性下降与阶层固化以及可持续发展这三大社会经济发展难题,仅仅依靠政府、企业、社会团体、公民及国际组织的力量和单打独斗的方式很难解决。这些重大社会经济发展问题只有全国各级组织和力量的通力合作才能高效地化解。

社会创新的核心目标是整合社会资源以解决重大社会问题。因此,社会创新会在实现共同富裕的过程中发挥重要作用,有助于释放社会活力、弥补可能发生的市场失灵和政府失灵的影响、推动社会组织的协同发展和社会进步,从而一起促进共同富裕。早在 2009 年 9 月 19 日,习近平同志就在全国科普日的活动中指出,要在全社会大力弘扬创新精神、提高创新能力,为坚持走中国特色自主创新道路、建设创新型国家奠定坚实的

---

① 在高质量发展中促进共同富裕 统筹做好重大金融风险防范化解工作[N]. 人民日报,2021-08-18(1).

群众基础①。在全球大变局和全球新秩序中,只有坚持走中国特色社会主义道路,通过市场经济和社会主义制度之间的"组合拳",才能实现我国的共同富裕。面向未来,面对各种颠覆性新技术可能带来的社会变革,积极迎接各种挑战,各种社会难题的切实破解就需要社会创新,社会创新要积极配合市场的"无形之手"和政府再分配的"有形之手"在共同富裕过程中发挥作用。所以,在社会创新和共同富裕之间一直存在联系,社会创新的开展将有助于共同富裕的实现,而未来全方位的社会创新将在共同富裕建设过程中扮演更为重要的角色②。

　　本章第一节首先对社会创新、社会创业等一些相关概念进行介绍,然后在第二节分析社会创新如何促进共同富裕实现,在第三节提出以社会创新实现共同富裕的实践模式,并引述具体案例加以论证,最后在第四节对如何通过社会创新实现共同富裕提出对策建议。

第一节　社会创新与共同富裕的理论基础

　　创新是中国经济社会发展与人民生活进步的永恒话题,用创新的精神去处理具有普遍性与敏感性的社会现象,已成为中国整个社会关心的主题。党的十九大报告指出:"中国特色社会主义进入新时代,我国社会主要矛盾已经转化为人民日益增长的美好生活需要和不平衡不充分的发展之间的矛盾。"所谓不平衡不充分主要指城乡发展水平、区域经济水平

---

① 习近平参加全国科普日活动时强调提高创新能力[EB/OL].(2009-09-20)[2024-01-03].http://www.gov.cn/ldhd/2009-09/20/content_1421571.htm.

② 项兵.全球视野下的共同富裕:聚焦高品质包容性创富[J].财经,2021(18):12.

和居民收入差距较为明显，发展水平和发展质量还有待提升等。而随着工业社会向信息社会乃至数字社会加速转变，特别是当下全球面临的粮食、能源和金融等三重危机，使缩小贫富差距以及提升发展水平和质量的工作进展放缓，放大了社会问题，使社会问题日渐多元和复杂。这推动了以解决社会问题为导向的社会创新的产生与发展。

一、社会创新的内涵

社会创新的概念由现代管理学之父德鲁克于 1957 年首次提出。他认为，社会创新是组织理论在实践中的一种非技术性研究[①]。后续的早期研究成果对社会创新的定位各有不同，而探索社会的变化和进步的动力机制则有一致的方向。国内学者从 20 世纪 90 年代开始关注社会创新的相关研究。2006 年，中央编译局比较政治与经济研究中心、英国文化协会和英国杨氏基金会在北京联合主办了"社会创新与建设创新型国家"国际研讨会[②]。自此，社会创新在国内也逐渐吸引学者对其开展研究，形成了一股研究小浪潮[③]。国家越来越重视社会治理创新、积极推动政府职能转变以及推进和深化社会保障体制机制改革，这都给社会创新研究提供了素材和实践需求。世界范围公益慈善和企业社会责任模式转型都在共同促进社会企业、企业社会创新等方面迅速发展，更多企业投身于解决各种社会问题的创新行动，希望通过为世界解决问题而非制造问题来获利，通

---

① 德鲁克.创新与创业精神[M].张炜，译.上海：上海人民出版社，2002.

② 社会创新与建设创新型国家国际研讨会召开[EB/OL].（2006-10-23）[2024-01-03].https://www.gmw.cn/01gmrb/2006-10/23/content_496389.htm.

③ 纪光欣，孔敏.社会创新：当代创新理论与实践的新"范式"——社会创新概念的内涵辨析[J].中国非营利评论，2020(2)：245-262.

过付出多于索取而茁壮成长。

社会创新的本质目标是提升社会福利水平,实施方式是创新精神引导下的组织行为。现有研究中,社会创新概念涉及管理、社会、文化、经济、环境等领域。不同的社会创新内涵都包含了的创新主体、创新目的、创新对象和创新方式这四大创新要素。如表 3-1 所示,在社会创新中,创新主体是政府、企业、社会组织等多元主体,形成了相互伙伴关系;创新目的以社会福利改进、社会能力提升为主;创新对象是社会问题等;创新方式类似通常所说的流程创新,是对各种社会资源、社会产品、流程等进行重新组合或重新配置。

表 3-1 社会创新要素

创新要素	内涵
创新主体	政府、企业、社会组织等多元主体伙伴关系
创新目的	社会福利改进、社会能力提升
创新对象	社会问题、社会需求、社会结构、社会制度
创新方式	社会资源、社会产品、主体与实践流程的重新组合或重新配置

资料来源: 纪光欣,孔敏. 社会创新:当代创新理论与实践的新"范式"——社会创新概念的内涵辨析[J]. 中国非营利评论,2020(2):245-262.

社会创业是一种创业活动,而社会创新也是其主体形式。社会创业是社会企业家或社会创业者借助各种优势,采用新的技术手段或方法来处理复杂社会现象的创业形式①。社会创业是为了解决社会问题而非盈利进行的创业活动。社会创业的主体为非营利组织,但一些营利组织可以在保持社会性事业根本目的的基础上,通过运用营利性公司的运营方

---

① 刘志阳,李斌,陈和午. 企业家精神视角下的社会创业研究[J]. 管理世界,2018(11):171-173.

法来获得尽可能多的社会收益,其所创造的经济价值是为社会服务创造的副产品。两者目的具有共同点,企业社会创业通过激励创新创业精神,从而提高社会服务水平、为大众谋求社会福利,企业社会创新目的也是社会福利的改进,因此两者这个相似点表明了社会创新是社会创业最主要的体现方法。社会企业家可以采取跨越体制、跨边界、整合社会资源等各种方法成立一家企业开展社会创新,从而解决社会问题,实现社会与企业的协同发展。社会创业所形成的企业被称为社会企业,是社会创新的实现基础。基于商业运作等盈利手段,社会企业关心社会问题,并比一般非营利机构更具财务可持续性,往往出现在健康、环保和教育等人文关怀相关领域。

企业社会责任与社会创新既存在显著区别,又有明显交集。首先,两者采取不同的方式创造价值。社会创新的创新属性使组织可以在解决社会问题的过程中直接获取商业利益,而企业社会责任的关注点在于提高社会福利水平,为企业赢得更高水平的社会认可,间接为企业获益创造条件。其次,两者发挥作用的方式具有明显差异。作为企业社会责任的实现主体,企业是整个过程的发起者与负责人,企业围绕社会问题投入资源,在实现社会责任的过程中特定社会群体或组织获益,整个过程主要是一种单向行为。而社会创新的互动性与广泛性使其以双向互动行为为主,企业不再单纯履行社会责任,而是积极参与社会创新过程,与其他利益相关者价值共创、成果共享。最后,企业实施社会责任和进行社会创新的动机和影响因素也有明显区别。企业社会责任更多出于一种履行责任的义务,而社会创新的创新属性背后的商业特征使组织会更关注基于社会实际问题的市场竞争,商业上的成功也会被纳入考量。综上所述,社会创新是企业承担社会责任的一个更具体、更贴近市场的形式。企业社会责任可以被认为是企业实施社会创新的出发点和基础。社会创新在企业与外部经济、社会、自然环境、技术发展等的对话中产生越来越深远和多样的影响,为社会和组织创造新的价值。社会创新与社会创业、企业社会责任等理念间的差异和关联,概括于表3-2。

表3-2　社会创新、社会创业与企业社会责任

要素	社会创新	社会创业	企业社会责任
主体	政府、企业、社会组织等多元主体伙伴关系	营利或非营利机构	企业
目的	社会福利改进、社会能力提升	解决社会问题	获得社会认可,解决社会问题
对象	社会需求、社会制度等	以社会需求为主,商业需求为辅	社会需求
方式	社会资源的重新配置或围绕社会问题的创新技术应用	提供社会产品和服务	围绕社会问题的资源投入

许多企业在进行社会创新时,同时体现了社会创业的特性,或者体现了企业的社会责任。例如,康谱睿启是浙江强脑科技公司资助成立的一家基于脑机接口技术等先进技术的孤独症儿童中心。其业务主体是采用脑机技术并开发相关的数字药物,帮助孤独症儿童康复,开展运用脑机接口技术治疗孤独症和阿尔茨海默病等疾病的研究。康谱睿启是一家带有高科技属性的社会创新企业,而成立康谱睿启儿童中心对于浙江强脑科技公司而言,是其一项社会创业活动,该儿童中心作为一家社会企业服务大量孤独症儿童,也体现了浙江强脑科技公司的企业社会责任。

二、社会创新的特征

社会创新表现出三个基本特征:一是系统性。社会创新具有"社会"

属性。这需要对经济发展、社会民众、生态环境、制度规范、民俗文化、价值观等进行系统思考。二是互动性。社会创新由多个不同主体（政府、企业、社会组织等）在互动流程中共同实现,各个主体之间也会在利益、价值观、知识、经验、资源等方面发生持续互动。三是广泛性。社会创新不仅涉及多元创新主体,其创新目标和创新影响也十分广泛,如解决社会问题、提升民众生存品质、提高政府行政治理水平、促进生态环境改善等。例如,2021年,腾讯宣布首期投入500亿元成立可持续社会价值事业部,探索利用互联网优势应对人类未来面临的困难,包括基础科学、教育创新、乡村振兴、碳中和及公共应急和养老科技等问题①。

社会创新的系统性、互动性和广泛性体现了以社会创新手段实现共同富裕的适用性与有效性。为此,本章将促进共同富裕的社会创新定义为一种以创新的理念开展以实现社会价值为主的实践过程,也就是一种具有社会属性的特定主体通过确立特定的社会目标,提供创新的解决方案,并与利益相关者共同生产、实施,以解决社会问题、创造共享价值及进一步推动社会变革②,实现共同富裕和联合国2030可持续发展目标（SDGs）的过程。

个体、组织、制度、技术等都会影响社会创新。个体的亲社会行为、创新精神与思维方式是组织领导者产生社会创新的重要原因。习近平总书记在2020年7月21日召开的全国企业家座谈会上指出："企业家要带领企业战胜当前的困难,走向更辉煌的未来,就要弘扬企业家精神,在爱国、

---

① 搜狐网. 只想做好事! 腾讯首期投入500亿, 宣布成立可持续社会价值事业部[EB/OL]. (2021-04-18)[2022-08-22]. https://www.sohu.com/a/461601142_458778.
② 陶秋燕, 高腾飞. 社会创新：源起、研究脉络与理论框架[J]. 外国经济与管理, 2019(6):85-104.

创新、诚信、社会责任和国际视野等方面不断提升自己,努力成为新时代构建新发展格局、建设现代化经济体系、推动高质量发展的生力军。要增强爱国情怀,把企业发展同国家繁荣、民族兴盛、人民幸福紧密结合在一起,主动为国担当、为国分忧,带领企业奋力拼搏、力争一流,实现质量更好、效益更高、竞争力更强、影响力更大的发展。"①

　　组织的社会良知和与社会相关的战略投资需要激励非营利组织与企业关注社会问题和社会现象,是开展社会创新的主要动因之一。例如,成立于 2007 年的友成企业家扶贫基金会是政府部门、民营企业、社会团体、民众参加公益与脱贫攻坚的跨界协作平台,其运作的公益项目都有明显的社会价值指向与强烈的使命感。友成企业家扶贫基金会以探索社会创新之路为愿景,以研发和推广社会价值标准、发现和支持新公益领袖人才、建立跨界合作的社会创新网络支持平台为使命。社会创新也与技术发展紧密联系。数字技术与信息通信技术的发展可以使社会创新实践者更好地管理知识、降低沟通协作成本,有助于加快社会创新。例如,联合国粮食及农业组织指出,世界迫切需要建设更高效、更包容、更有韧性且更可持续的农业粮食体系。利用现代创新技术,如区块链技术,可以推动世界农业粮食体系转型,建设更高效、更包容、更有韧性且更可持续的农业粮食体系。②

　　首先,社会创新的广泛性特征表明,社会创新需要政府、企业、社会团体、公众等多个利益相关主体之间互助合作。例如,由浙报传媒控股集团

---

① 激发市场主体活力弘扬企业家精神　推动企业发挥更大作用实现更大发展[N]. 人民日报, 2020-07-22(1).
② 粮农组织. 区块链技术应用前景广阔　推动农业粮食体系转型大有可为[EB/OL]. (2022-08-04) [2022-08-08]. https://news. un. org/zh/story/2022/08/1107292.

有限公司与修正药业集团股份有限公司和浙江新联控股股份有限公司共同斥资 1 亿元建设的"养安享"养老服务平台,针对不同老年群体的居家养老服务需求,搭建专业的居家养老平台,体现了政府、社会、企业协同创新的居家养老服务体系①。其次,社会创新是一个不同主体之间持续沟通的过程,网络中的组织与个体主动持续地开展多方合理共建,互鉴互动,进而创造共享新知识、新价值。截至 2020 年 5 月底,支付宝蚂蚁森林已带动超过 5.5 亿人参与,累计种植和养护树木超 2 亿棵,种植面积超过 274 万亩(约 1826.7km²),实现碳减排 1200 多万吨②,不仅促进了中国绿化事业的发展,极大地改善了我国西北地区的生态环境,同时也提高了支付宝知名度和市场占有率。最后,组织在对社会创新的历程中会培养并聚集具有强烈社会责任意识,并能够对社会发展做出巨大贡献的优秀人才。这种由解决社会问题引领的创新模式所带来的持续竞争力也会进一步激发社会责任意识。例如,万科集团敏锐地捕捉到了低碳生存的新时期需求,利用绿色技术创新发展出低碳环保的绿色生态住房产品,并在国际市场上大受欢迎,同时公司也宣布将大力推广可再生资源在住房产品、自有办公建筑中的应用,并实现了相应减排指标。

社会创新的影响结果体现在制度、组织、社区、个体等四个层面。在制度层面,一些社会创新可能会以新社会制度诞生或旧制度的更新作为结果,如构建投资人与受益者之间的新型伙伴关系、鼓励企业家更重视与

---

① 盛亚, 陈嘉雄. 企业社会创新主体合作的组织模式分析[J]. 浙江工业大学学报(社会科学版),2017(2) :197-201.

② 中国蚂蚁森林项目荣获联合国地球卫士奖[EB/OL]. (2019-09-19)［ 2024-01-03］. https://www. unep. org/zh-hans/xinwenyuziyuan/xinwengao/zhongguomayisenlin xiangmuronghuolianheguodeqiuweishijiang.

社会整合的利益损益关系等。企业的社会创新会带动各利益相关主体创造更多的社会福利。绩效与竞争力的提升是社会创新在组织层面更加突出的贡献。多元利益相关者在社会创新过程中的合作与互助可以为组织带来更多的资源与机遇,有助于提升其能力,进而反映到社会绩效与环境绩效的提升上。社会创新在社区层面的影响主要体现在提升组织在社区中的嵌入紧密程度,一些紧迫的社会和环境挑战在参与集体活动的过程中得以解决。对于个体而言,社会创新使用新的或改善的服务与产品,提高了个体的生活品质。例如,乡村旅游规划和智慧城市建设分别促进新农村和城市建设,提高乡村和城市居民的生活质量。一些人群也会由于受益于社会创新活动而萌发创新精神与社会使命感,决定投身于社会创新事业,进一步促进社会创新的蓬勃发展。

三、社会创新与共同富裕的关系

社会创新是实现共同富裕的必要支柱。党的十九届六中全会提出,要"坚持发展为了人民、发展依靠人民、发展成果由人民共享,坚定不移走全体人民共同富裕道路"。共同富裕是继全面建成小康社会后的又一重大战略目标。基于共同富裕,我国创新体系底层逻辑正在发生转变,国家创新举措从原先以市场逻辑为主导的经济价值导向逐步向涵盖经济、社会与环境的混合型使命驱动导向过渡,社会创新的价值实现也更加关注人文意义与社会发展。立足解决社会问题与满足商业需求的社会创新必然深刻嵌套于共同富裕实现进程的全局视野之下,并将深入推进建设共同富裕和社会主义现代化强国的系统性实现①。

解决共同富裕面临的问题需要社会创新的发展。实现共同富裕强调在整个国家经济总量特别是人均生产总值达到一个较高水平的状况下，能保障国家经济社会发展的生产活动条件和经济发展水平能适应社会民众日益增长的美好生活需求，并能有效克服社会发展条件不均衡或不充分的问题。在这一发展目标的引领下，我国需要逐步解决一些发展过程中涌现的问题，实现如脱贫攻坚、气候变化、包容性发展、教育普及等可持续发展的阶段性目标。在兼顾经济增长与满足社会需求的大趋势下，如果单纯依靠政府部门、民营企业、社会团体就很难产生整体合力。我们必须通过各主体之间的跨界沟通合作，推动社会创新，更好地平衡经济和社会发展，达到兼容并蓄、合作共赢的局面。由政府部门、企业、社会团体等多重利益相关者共同积极参与的社会创新能够实现跨界跨地区协同整合社会资源，探索重大社会问题的解决之道，从而实现推动经济快速发展并保证人民的生活质量和幸福感，最终实现共同富裕。

共同富裕是社会创新的最终目标之一。共同富裕的实现对于市场与政府如何更加优化地进行资源配置提出了更高的要求，使生产要素的投入与产出更具包容性、普惠性，尤其围绕社会议题与社会意义改善社会生产力，提升公共社会效益。社会创新在驱动经济总量增长与社会财富积累的同时，能够通过解决社会问题、满足社会需求、完善社会制度提高整个社会的福利效应，尤其是政府在教育、医疗、环保、交通与社会保障等领域的社会创新有助于实现我国社会发展的可持续性。例如，浙江高质量

① 陈劲，阳镇，张月遥. 共同富裕视野下的中国科技创新：逻辑转向与范式创新[J]. 改革，2022（1）：1-15.

发展建设共同富裕示范区的工作坚持以改革与创新为根本动力,树立了"到 2025 年,浙江省推动高质量发展建设共同富裕示范区取得明显实质性进展"与"到 2035 年,浙江省高质量发展取得更大成就,基本实现共同富裕"的阶段目标,大力提升自主创新能力与激发各类市场主体活力,以社会创新作为实现共同富裕的重要途径①。例如,阿里巴巴宣布成立"助力共同富裕工作小组",并计划在 2025 年前累计投资 1000 亿元,将就加大技术投入、中小微企业发展、数字化建设、高质量就业、医疗发展等方面开展行动,并设立 200 亿元的共同富裕发展资金,助力全社会"做大蛋糕"和"分好蛋糕"②。

第二节　社会创新实现共同富裕的发展

上一节明确了社会创新的理念及其与共同富裕的关系,本节将基于现有文献研究和现实案例,结合我国社会创新和共同富裕的具体实践,从三大方面阐述社会创新为什么能够以及如何推动共同富裕的实现。

总体而言,人们通常从制度层面、组织层面、社区层面和个体层面去探究社会创新所产生的作用③:(1)在制度层面,推动社会制度进步、创造社会共享价值;(2)在组织层面,提升组织绩效、提升组织竞争力;(3)在社区层面,解决边缘化社区难题、提升社区参与度;(4)在个体层面,改善

---

① 中共中央、国务院关于支持浙江高质量发展建设共同富裕示范区的意见[EB/OL].(2021-06-10)[2022-02-10].http://www.gov.cn/xinwen/2021/06/10/content_5616833.htm.

② 阿里巴巴集团将投入 1000 亿元助力共同富裕.[EB/OL].(2021-09-03)[2022-02-10].http://gongyi.people.com.cn/n1/2021/0903/c151132-32216837.html.

③ 陶秋燕,高腾飞.社会创新:源起、研究脉络与理论框架[J].外国经济与管理,2019(6):85-104.

个体生活质量及社会关系、激发更多社会企业家精神。由于社区可以被视为是个体的集合，因此，本书提出，社会创新其系统性、互动性和广泛性特征决定了其在共同富裕进程中扮演着不可或缺的角色（见图3-1）：社会创新会将促进经济增长的创新理念融入解决社会问题的实践过程，实现生产总值增长的同时也为如何分配成果提供更公平、有效的解决方案。在这一过程中，社会创新的多方主体通过围绕具体社会目标提供满足商业需求的创新方案，其实现共同富裕的促进作用体现在三个方面，即社会创新创造社会共享新价值，社会创新激发社会企业家精神和社会责任感，社会创新提升社群和利益相关者参与度，这三方面的交互作用促使共同富裕的实现。

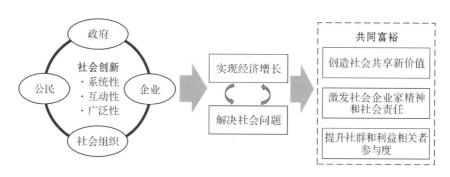

图 3-1　社会创新促进共同富裕的机制关系

一、社会创新创造社会共享新价值

社会创新创造社会共享新价值。德鲁克认为，社会创新是经济与社会发展的主要力量，可以有效促进经济社会健康发展，包括社会、环境、人民生活质量、医药、教育等方面的社会发展。社会创新就是为了适应经济社会发展的需要，合理地处理社会矛盾，以全新的视野、灵活多样的思维方式和多元的管理方法,把政府、企业和社区的能力统一起来,并发挥其各自的优点,在处理复杂的社会现象、适应多样的社会需要的进程中,发挥其日益巨大的功能①。这与共同富裕的内涵是相契合的。共同富裕不仅着眼于物质财富创造的富裕,还重视生活富裕富足、精神自信自强、环境宜居宜业、社会和谐和睦、公共服务普及普惠的全面进步的共同富裕。共同富裕的最终价值导向是实现全体人民共同富裕,而不仅仅是一部分人和一部分地区富裕,在共享发展成果方面要求更加注重发展共享、更加注重分配公平、更加重视民生福祉,使全体人民在共建共享发展中有更多获得感。

　　社会创新以社会价值为导向,这种以终为始的取向能够满足人们的新需求,推动社会变革,最终有助于社会创造新价值,实现新价值共享。进行社会创新的机构会首先关注不断发展的社会需要与变化,以提供创新价值的社会诉求,同时建立突破传统的改革策略,并指引新战略、经营等活动。例如,雀巢公司不仅没有止步于在向社会提供健康安全的食物的产业定位上,也不只是通过做公益等方式承担企业社会责任,而是着眼于提高我国少年儿童的营养健康水平这一巨大的社会需要,重新提出了公司战略,带动科技创新。雀巢与小米共建的营养保健平台用户数已达到了 124 亿人次,单日单人平均使用数达 6 次,这提高了雀巢产品的用户渗透率,为雀巢怡养产品带来了长期的回报,也给消费者提供了更专业的保健指南。通过有为的政府和有爱的社会的共同驱动,让中国经济与社会的各项发展成果更多更公正地惠及社会大多数人,并进一步提高了社

① 纪光欣,岳琳琳.德鲁克社会创新思想及其价值探析[J].外国经济与管理,2012(9):1-6.

会公平，以实现广大群众对美好生活的向往，从而实现全面发展①。

社会创新的基本目标就是提供社会公共资源和促进公共利益，它也是社会创新活动意义的集中体现②。社会创新是解决社会问题、满足社会需要、平衡经济和环境需求的卓有成效的创新行为，因而也在一定意义上促进了社会变革。成功的社会创新活动往往体现为被社会广泛认同与接纳的新观念、新产品、新技术、新服务、新制度、新法规、新组织、新行为和生活方式、新生产模式、新社会关系等③。

【案例3-1】 安吉余村：绿水青山就是金山银山

20世纪80年代至21世纪初期，余村人凭借优质的石灰岩资源优势，大力发展石灰水泥等产业，促进了余村村集体经济发展，余村居民收入增加。然而石灰水泥为重污染产业，这使余村虽然村强民富，但是生态环境遭到严重破坏，青山被毁，灰尘漫天，溪流浑浊。

2003年7月，中共浙江省委第十一届四次会议明确提出建设"绿色浙江"。自此，浙江全省启动"千村示范、万村整治"工程，存在环境问题的余村面临着历史的新选择。经过仔细研究分析客观情况，余村党支部委员会和村民自治委员会领导班子以壮士断腕的意志，下决心关停所有矿山企业和混凝土厂。在随后的两年内，余村的一家水泥厂和三家矿山企业全部关停。

2005年8月，时任中共浙江省委书记的习近平同志在安吉余村

---

① 陈劲，张月遥，阳镇. 共同富裕战略下企业创新范式的转型与重构[J]. 科学学与科学技术管理，2022(2)：49-67.

② 李云新，刘然. 中国社会创新的特征、动因与绩效——基于"中国社会创新奖"的多案例文本分析[J]. 公共行政评论，2016(4)：147-170，209.

③ 何增科. 社会创新的十大理论问题[J]. 马克思主义与现实，2010(5)：99-112.

考察时,提出了"绿水青山就是金山银山"的科学论断。余村人彻底打消了顾虑,自此率先走上了既要金山银山也要绿水青山的发展新路,大刀阔斧整治村庄环境,提升村容村貌。通过争取政策,以标准化为目标,当地启动冷水洞水库改造工程,大幅提升全村生产生活用水品质。2008年,余村成为安吉县第一批美丽乡村精品村验收全县第一名,此后,余村还按照美丽乡村建设要求,对农房立面、污水管网进行改造。

在生活环境改善的基础上,余村人把握了美丽乡村建设的契机,对全村生态环境实施了大范围修复,努力开发休闲观光旅游,通过发展观光景点、农家乐,余村将全村分成了生态工业区、生态旅游区和生态观光区。如今余村的大量企业主转型发展休闲文化产业,并已经逐步形成以漂流、户外运动、会务、登山垂钓、果蔬采摘、农事体验游等为主的休闲产业集群,吸引城里的游客,既获得了经济效益,又保护了自然环境。从2005年到2020年,安吉余村的三产从业人员从80余人增加到500余人,村集体经济收入从约91万元增加到724余万元,村民人均纯收入从8732元增加到55680元。

余村曾先后荣获全国民主法治示范村、全国示范美丽宜居村庄、全国生态文化村、全国文明村镇等称号。2018年,浙江省的"千万工程"获得了联合国地球卫士奖中的"激励与行动奖",安吉县递铺镇鲁家村村民裘丽琴受邀作为代表在颁奖仪式上发表获奖感言。

"千万工程"和余村典范突破了获取物质财富的传统方式,解决了生态和居住环境的问题,促进了人民生活富裕富足与自然环境的宜居宜业,让广大农民过上更加美好的生活,向全国和世界展示了绿色发展道路这一新理念的正确性,是社会创新促进共同富裕的典型案例之一。

参考文献：

[1]岳德亮.浙江余村:绿水青山终不负[EB/OL].(2021-11-09)[2022-02-10].http://www.banyuetan.org/st/detail/20211109/1000200033136221636445431056490654_1.html.

[2]杨舒."绿水青山就是金山银山":绘出美丽中国新画卷[EB/OL].(2021-04-27)[2022-02-10].http://www.qstheory.cn/2021-04/27/c_1127381500.htm.

[3]黄一帆.安吉余村:从绿变金[EB/OL].(2021-06-25)[2022-02-10].https://www.eeo.com.cn/2021/0625/492887.shtml.

[4]【喜报】2018地球卫士奖颁奖典礼,安吉人是领奖代表[EB/OL].(2018-09-27)[2022-02-10].https://www.sohu.com/a/256451577_99908417.

二、社会创新激发社会企业家精神和社会责任

德鲁克指出,社会创新是企业积极承担和履行社会责任的新途径。德鲁克倡导把社会问题转变为企业成长机会,在满足社会需求的同时提升企业可持续发展能力、实现企业可持续发展,这种新方式即社会创新模式。该模式认为,专注企业自身和企业内部员工发展并满足社会需要,考虑代际发展的企业是勇担社会责任的企业;一旦它们可以在公众问题与公众需要中找到发展机遇并转变为自己的创新成果,创造价值由企业和

公众共有,那么这个行动便是最负责任的行为①。

　　企业进行社会创新是其履行社会责任的一种体现,同时也是社会创业的基础。企业需要在社会问题和社会需求与现实情况的差距中找寻新的发展机会,并持续地进行产品、流程、服务和技术创新,为自身和社会创造价值。这已经成为企业履行社会责任的普遍要求。德鲁克认为,每一个组织都应该对于它对员工、工作环境和自然环境、顾客,乃至它所涉及的人和物所产生的影响承担起所有责任,也就是社会责任。社会发展越来越期待这类具有社会责任的组织,不管是营利性的还是非营利性的组织,来解决重要的社会问题。同时德鲁克强调,只有企业学会怎样将发达社会所面临的主要社会挑战,转变成新型的、有利可图的企业机会,我们才有望在将来战胜这些挑战。例如,度小满公司服务超过 1200 万位小微企业主和工商个体户,降低小微企业融资成本;发起公益助农免息贷款项目"小满助力计划",共发放 1 亿元免息贷款。

　　在我国经济发展模式转变和共同富裕的导向下,企业需要转变商业逻辑,将社会价值与市场价值融合,共同驱动,强调企业经营与社会发展的"共生共益",从"股东至上"转向"社会至上",淡化利己的工具性,强化其利他的功能性,强调企业对社会的奉献,将社会财富最大化作为企业长远发展的目标。

　　社会创新能够提升企业合法性,提高企业的社会绩效。企业在社会创新的有关活动中融入了对社会的思考,体现了公司的社会责任,改变了社会各界对企业的看法,也可以提高企业满意度和士气,从而提升企业绩

---

① 纪光欣,岳琳琳.德鲁克社会创新思想及其价值探析[J].外国经济与管理,2012(9):1-6.

效、品牌价值和市场价值，能吸引客户、留住人才并获得政府部门的支持，对企业经济绩效也同样发挥积极的作用①。承担社会责任、创造社会价值、与社会共享发展成果已成为企业业务的重要组成部分，同时又与企业的自身成长交织在一起，共同在中国经济社会发展的时代潮流中披荆斩棘。从长期看，这是为建设可持续的发展模式、为实现国家可持续发展的重大战略目标服务，并体现"缓而久"的高质量成长特点。

【案例3-2】　老爸评测：让全天下普通老百姓都过上安心日子

杭州老爸评测科技有限公司创建于2015年，致力于通过优秀的科普评测知识、强力的云测试业务等，推动消费品行业高质量发展，以"让天下老百姓过上安全放心生活"为使命。

老爸评测的创始人魏文锋因为担忧儿子"无商标注册标记、无公司网址、无联络方法"的包书皮存在质量问题，自费将包书皮带去专门实验室进行检测，发现包书皮中含有大量超标的危险化学物质。之后魏文锋在微信公众号上发表了检测成果，并把全部流程拍成了视频，引起了广大父母的极大关注。魏文锋随后辞去工作，立志用专业检测经验发现身边的问题产品。

老爸评测旗下业务包括老爸评测（消费者决策）、老爸抽检（行业监督）、老爸实验室（第三方云检测）、老爸商城（电商平台）四大板块。其中，老爸评测自媒体本着"发现生活中看不见的危害"的理念，为粉丝提供优质内容，2022年全网粉丝已经超过5000万人次，覆盖公众号、抖音等多个媒体平台；老爸抽检以老爸评测标准为依据，对

---

① 崔健.日本的社会创新与企业社会责任关系分析[J].东北亚论坛,2011(1):107-113.

产品的原料、生产过程、产品品质等进行全方位评价,挑选优质商品,致力于"让老爸评测成为民间认可的安全放心标志";老爸实验室集中22位在职的技术支持、33家具备专业资质的第三方实验室、1000多万元的自有检测设备等技术力量,帮助人们发现生活中看不见的危害,保障消费者健康安全,实现"让实验室检测走进更多老百姓的日常生活";老爸商城本着"让天下老百姓用上安全放心商品"的企业价值观,采取优选商品,向用户推荐包括衣食住行和美妆母婴商品等领域的安全健康生命商品。魏文锋及其团队已陆续曝光了包书皮、魔术擦、塑胶跑道、激素面霜等多种有潜在安全隐患的商品,有力推动了相关产品标准的提高和市场监管的完善。

2021年12月,由杭州老爸评测科技有限公司技术团队起草的《防晒口罩》《婴幼儿及儿童用口水巾》两项团体标准由浙江省纺织工程学会批准发布。这两项团体标准的获批标志着老爸评测参与团体标准的制定从"陪跑"升级到"领跑",也标志着"老爸标准"受到行业、政府等各界的认可。国家标准制定和修订周期性很长,团体标准可以为国家标准的制定积累前瞻性应用数据;由独立专业的第三方团队起草的统一标准基于大量科学评测的实践而来,并严格遵循科学原则,更能代表消费者的需求,该团体标准的制定为相关产业划定了安全底线,有助于切实降低消费者的风险。

2022世界经济论坛上宣布获得2022年度社会创新者奖项的全球15人中,魏文锋是唯一的中国企业家代表。其获奖理由是:"魏老爸"是一位自媒体斗士,致力于消费品安全领域。其所创办的老爸评测提供了全方位服务,包括为消费者提供客观中立的产品测评服务和消费决策建议。

参考文献：

［1］填补行业标准空白，老爸评测主导的 2 项团标获批发布［EB/OL］.（2021-12-30）［2022-02-10］. https://daddylab. com/article_detail/id/938.

［2］世界经济论坛传来喜讯：浙江人首次获此奖项［EB/OL］.（2022-01-20）［2022-02-10］. https://daddylab. com/article_detail/id/940.

三、社会创新提升社群和利益相关者参与度

社会创新可以弥补市场和政府失灵，释放社会活力。在弥补市场缺陷方面，政府行为具有一定的局限性。在一定程度上，社会创新实践将激发社会活力和创造力，提升社会参与性和主动性，形成容纳群策群力更大的空间，从而有助于社会的孕育成长，最终促成社会合力。

社会创新提升社群和利益相关者参与度。在现代社会学视野下，社会创新整合了个人资本、公共措施以及慈善支持，以产生全新的更好的、能够产生巨大社会价值并解决社会问题的新方式。在社区建设和区域发展的过程中，人们会有意识地利用社会创新加快社会资本的积累速度，增强社会归属感。因此，社会创新强调公众参与，关注人们社会政治能力和获得资源能力的提升，目标是实现社会需求和经济发展需求以及个人和组织协同发展①。这与共同富裕的实现路径有着相似性。实现共同富裕

---

① 郑琦. 国外社会创新的理论与实践［J］. 中国行政管理，2011（8）：71-75.

必须依靠广大人民,与人民共建是共同富裕的必然选择。共同富裕的实现需要充分凝聚人们共识,发挥民众的奋斗精神;充分激发民众的主动性、创造性和积极性,释放人们共同富裕需求,尊重人们的首创精神,开放式地推进人们的创新实践。在实践中,2021 年全国工商联发起的"万企兴万村"行动在全国各地开展。"万企兴万村"行动以"三农"为着力方向,筑牢村企合作共赢的长效机制,广泛动员社会力量通过开展经营性合作、公益性帮扶等各种方式,参与乡村振兴,巩固拓展脱贫攻坚成果,让农民稳定增收,乡村蓬勃发展。

社会创新精神是指个人对社会需求和社会合理运作的承诺,能够在社会活动中传播社会创新的集体观点和信念,并阐释社会创新的核心价值与灵魂。社会创新精神能够积累并内化成人类的知识,潜移默化地调节着人类的行动①。例如,在 2021 年的天猫"双十一"期间,菜鸟联手天猫开展"回收快递包装,全民领鸡蛋"公益活动,成功带动了 480 多万人次线上线下参与并分享快递包裹的绿色循环使用经验②,不仅将绿色低碳、环保利用变成一个全新的社会生活潮流,还将环保绿色理念深植于用户心里。

而且,社会创新实践的榜样作用能使民众看到自下而上的社会发展推动力和变革驱动力,由此了解到社会的可持续发展不仅需要自上而下的引导,也需要并更需要自下而上的实践。这种社会创新将渗透到社会文化传统和人们的日常生活习惯之中,成为推动社会文化和社会理念发

---

① 周直,臧雷振. 社会创新:价值与其实现路径[J]. 南京社会科学, 2009(9):59-64.
② 双 12 菜鸟驿站"纸箱换鸡蛋"又来了! 旧纸箱循环寄件服务扩至全国 20 城[EB/OL]. (2021-12-15)[2022-08-09]. https://new.qq.com/rain/a/20211215A08YJG00.

展的动力源泉①。

【案例3-3】 水滴筹：柔软是最坚韧的力量

水滴筹是国内较早创办并全国领先的个人大病求助网络平台。水滴筹通过互联网以及社交平台，把民间"互助互济"的线下活动迁移到了网络上，为紧缺医疗资金的大病患者提供免费的个人求助募捐工具。人们可以通过信息分享、移动支付等方法，帮助陷入经济困境的大病患者及其家庭更快速地传递求救消息，提高医疗资金的筹集效率，缩短从发起求助到收到款项的时间，降低求助信息的传播成本，让大病患者能够及时得到帮助。

对于转发者和捐款人而言，相较于传统公益项目，这类活动信息的分享和活动参与能更好体现其自身的社会意识和社会责任，也能更大限度地感受个人影响力，获得参与感和成就感。同时，水滴筹采用微信支付善款和一键转发即可传递资讯的方法也降低了使用门槛，使指尖行善、随手公益变成了可能。

此外，水滴筹也让千千万万人的微薄之力发挥重大作用。在2020年的爱心赠与中，20元及以下金额占比74.3%，21—50元占比13.3%，两者合计超过87%。这表明水滴筹让富有爱心的人有更多机会去帮助别人。2020年捐助次数最多的用户曾4424次参与困难大病患者的求助项目。

从2016年7月上线到2020年12月底，3.4亿爱心人士参与了水滴筹的大病援助项目，他们共帮助超过170万名经济困难的大病

---

① 周直，臧雷振.社会创新：价值与其实现路径[J]．南京社会科学，2009(9)：59-64.

患者募集了 370 亿元的医疗救助款,共计发生了 11 亿人次的爱心赠与行为。

互联网公益联动平台广泛的资源,为更多亟需帮助的社区难题寻找到解决办法。随着移动网络的普及,社会公益开始由个别人的奔走与呼吁,逐渐变成了一种全民共同参与的活动。由企业和社会公益组织多方共同努力,让每个人指尖的爱形成奔涌之势,也让公益理念逐渐深入人心。

参考文献:

[1]第十三届人民企业社会责任奖候选案例:水滴筹[EB/OL].(2018-11-12)[2022-02-10].http://gongyi. people. com. cn/n1/2018/1112/c422231-30396212. html.

[2]水滴筹年度爱心汇报 捐款用户女性占比达 52.6%[EB/OL].(2021-01-25)[2022-02-10]. https://www. shuidichou. com/mediaList/media/227.

[3]专访水滴公益爱心合作伙伴:小善改变未来,互联网助力公益十年巨变[EB/OL].(2019-01-08)[2022-02-10].https://www. shuidichou. com/mediaList/media/72.

本节主要阐述了社会创新推动共同富裕的作用机理。而在案例中,我们也可以看到,社会创新促进共同富裕的实现需要一些手段和工具的辅助,呈现出特定的模式。因此后文将聚焦于此,着重探讨社会创新实现共同富裕的模式。

第三节　社会创新实现共同富裕的模式

本节主要通过案例,并结合第二节提出的社会创新促进共同富裕的三大作用机理,提出社会创新实现共同富裕的三种主要模式,分别是:(1)利用数字技术建立平台,让更多人参与共同富裕;(2)通过知识整合和共享,推动企业内创业以及社会创业,实现价值共创和共同富裕;(3)采用公私合作模式,让政府、企业、非营利组织以及其他各类公共或私营组织协作,共同推动扶贫、养老等共同富裕目标的实现。

一、平台技术推动全民参与和社会创新的普及

共同富裕的实现需要人人参与、人人奋斗、人人享有。习近平总书记在《扎实推动共同富裕》一文中提道:"我们说的共同富裕是全体人民共同富裕,是人民群众物质生活和精神生活都富裕,不是少数人的富裕,也不是整齐划一的平均主义。"[1]实现共同富裕应该通过政府自上而下的推动和社会大众自下而上的运作交织在一起的路径来实现,因此共同富裕需要公众的支持和参与。

社会创新构建信息化支撑平台,为全民在线参与社会创新和助力共同富裕提供了十分便利的条件。"互联网＋""AI＋"深度渗透到社会经济建设的方方面面,在新一代人工智能、云计算、大数据和企业的工业物联网等技术的支撑下,我国数字经济蓬勃发展,展现了数智技术在经济发

---

[1]　习近平. 扎实推动共同富裕[J]. 求是,2021(20):4-8.

展、社会包容性发展以及共同富裕实现过程中的重要作用。社会创新依赖数字基础设施,及在其基础上形成的数字平台与数字生态。这些交易平台、知识资源共享平台、众包网络平台、社交媒体等数字平台和生态以其灵活多样和开放的模式,变革社会连接,加深了政府、企业与公众的联系,实现了信息与需求的开放获取、开放生产,引领人们更好地实现共同富裕。

高质量的平台技术也更易于使社会大众形成沉浸感,获得良好的参与感,从而提高公众持续参与平台活动的意愿。正是由于互联网经济与技术的高速发展,以及对电子商务、社交媒体服务和互联网虚拟产品的深入应用,为大众网络生活和社会创新活动提供了更加便捷的网络环境和技术条件。企业也能够运用技术、利用平台的载体让更多的群众通过参加社会文化公益活动,赢得公众对企业的信任和支持,并使社会创新更加符合社会需求,同时还能提高公众自身的社会责任意识,推动社会的进步和发展。

社会创新的平台技术能促进公众参与政府和社会机构的行动。例如案例3-4中蚂蚁森林的线上平台,在改变和激励公众采取绿色生活方式的同时,促进公众监督政府和社会组织开展植树造林活动,购买植树地区的产品,进一步增加植树地区的收入,真正做到满足人民日益增长的美好生活需要,发展为了人民、发展依靠人民、发展成果由人民共享。

社会创新的平台技术能促进公众帮扶他人。数字技术可以惠及和连接更多的人群,使其收获更强的共有感情体验,形成更完善的保障能力和机制,促进社会团结。正如案例3-3提到的水滴筹,其线上信息平台为转发和捐款人提供了来自熟人社交网络的求助信息,真实性、可验证性更有保证,善行可以快速得到有效反馈,与传统慈善项目相比更能激发个人参与感。

因此社会主义共同富裕的实现,既需要政府指导,又需要广大民众在经济生活中积极参与,通过社会创新促进民众的积极参与,以大力推进社会主义共同富裕的进程。

【案例3-4】 蚂蚁森林:公众线上参与低碳与扶贫

蚂蚁森林是一个引导社会大众参与低碳减排行动的公益项目。在该项目中,每个人每天的低碳行动在蚂蚁森林中都能够转化成"绿色能量"。"绿色能量"积累到一定程度,就能够用手机申请在自然环境亟需恢复的地方种下一棵真树,或是在生物多样性亟需维护的地方"认领"相关权益。

这个数字科技绿色方案得到了国际社会高度认同。蚂蚁森林已于2019年荣获联合国最高环保奖项——地球卫士奖的"激励和行动"奖项。就在地球卫士奖颁奖当天,联合国《气候变化框架公约》秘书处在官网宣布,因在适应世界气候领域方面的创新性路径研究和正面榜样效应,支付宝蚂蚁森林获得应对气候变化"灯塔奖"。联合国环境署执行主任英格尔·安德森(Inger Andersen)称赞道:"支付宝蚂蚁森林是一个令人激动的环保创新项目。它让十多亿人行动起来,去认识和了解当下人们所面临的环境挑战,以及我们能够为应对气候变化做些什么。人们能够使用手机随时随地监测自己所种的树木。蚂蚁森林用技术将人与自然环境连接起来,使每个人类个体都可以投入保卫星球的行动,这将产生重要的深远影响。"

蚂蚁森林设计了许多巧妙的环节来提升项目的公众参与度。用户"虚拟种树"设置了许多建立绿色生活环境的机制;而在线下,实际种树的流程则由政府部门、院校、企业、社会公益机构等多方配合完成。不同行业的技能、知识,不但能够为植树造林保驾护航,还能够给客户提供良好服务。另外,客户还能够利用现场安装的系统,在移动端即时了解种树进展。

蚂蚁森林在推动公众参与度的同时,也促进了共同富裕。利用蚂蚁森林系统,可以选择在生态多样性丰富的贫困地区设立公益保护地。通过支付宝蚂蚁森林系统的上线,消费者不但能够实现认领保护地、参与巡护等自然环保活动,还可以选购当地农作物,帮农民实现增收。此外,蚂蚁森林还在中国中西部的贫困地区栽种了具有生态价值和效益的经济林,在改良自然环境的同时,生产生态产品,帮助原产地群众实现生态脱贫,助推可持续发展。最重要的一点是,通过蚂蚁森林项目在荒漠植树将有力改善当地环境,变废为宝,提高当地人的生活质量。

截至 2020 年 5 月底,支付宝蚂蚁森林已带动超过 5.5 亿人参与,累计种植和养护树木超 2 亿棵,种植面积超过 274 万亩(约 1826.7km^2),实现碳减排 1200 多万吨。

参考文献:

[1]蚂蚁金服.支付宝 2019—2020 可持续发展报告[EB/OL].(2021-05-20)[2022-02-10].https://gw.alipayobjects.com/os/bmw-prod/e04927a9-9e06-4709-b026-df096c58f94b.pdf.

[2]5.5 亿双脚"种"出了这片"蚂蚁森林"[EB/OL].(2020-06-29)[2022-02-10].http://env.people.com.cn/n1/2020/0629/c1010-

31762639. html.

[3] 中国蚂蚁森林项目荣获联合国地球卫士奖[EB/OL]. (2019-09-19) [2024-01-31]. https://www. unep. org/zh-hans/xinwenyuziyuan/xinwengao/zhongguomayisenlinxiangmuronghuolianheguodeqiuweishijiang.

二、知识整合和共享促进企业社会创新的实现

企业社会创新是企业从事与社会相关活动的前提，它通过寻找机会为社会问题提供解决办法，在组织内与外界获取信息，形成智力优势。因此，企业必须将自身的知识和学习视为企业社会创新的主要源泉，与企业外机构实现知识整合、开放与共享，同时将不同知识嵌入产品、工艺与服务，以解决社会问题，经济问题和环保问题，满足社会、经济和环境需求，实现企业的可持续发展。

在本章中，知识整合是指利用必要的组织或技术手段将已掌握的知识加以合理的鉴别、整合、筛选和归类，从而保留有益的东西。企业的创新和发展需要知识力量的支撑。通过知识和技术整合，企业能够建立全新的知识体系和技术创新体系。知识开放共享是在企业内外部的个体或群体间交流和传播各类与任务和技术相关的信息和经验，以帮助解决他人所面临的问题或提出新想法。

企业社会创新通过知识整合、开放与共享所形成的知识资源是企业社会创新成功的重要体现，也是社会创新重要的无形资产。而企业知识资源及其与社会创新的关系是制造优质产品和提供优质服务以解决人类社会、经济和科技问题的最佳共同富裕解决方案。

企业通过知识整合、开放和共享，对企业的社会创新能力产生一定的

推动力,逐渐成为促进共同富裕的基础。在企业实施的开放式社会创新进程中,知识创造可能发生在企业内的部门团队成员间、部门间以及企业与企业的开放式创新活动中,使企业创新体系成为一种跨越企业内外部,贯穿整个供应链的开放网络,形成企业间、企业内部的知识共享和知识管理体系。

知识交互主体包括政府、企业、社会组织、公众等。与政府进行知识整合、开放和共享时,企业有机会获得政府政策变化的信息,能更大概率得到地方机构的支持,从而更积极参与共同富裕等社会活动。如果企业和处于供应链上的供应商、经销商、竞争者或其他企业存在除利益之外的知识融合、开放与资源共享,那么该企业将会有更大能力承担和应对风险,这有利于提升企业开展社会创新的能力。此外,企业也将有更大魄力和更多资本提出具有前瞻性的策略,而这种策略可能又包括加大对努力实现共同富裕的投资等。企业与包括少数人群和特殊人群在内的各类人群的知识整合、开放和共享,能有助于其了解他们的需求,设计普惠产品、服务以及公益慈善活动,在获取商业机会和提升社会形象的同时,助力社会问题的创造性解决。

之江实验室是由浙江省政府、浙江大学和阿里巴巴共同建设的,致力于人工智能技术研发和成果转化的国家重点实验室。之江实验室依托自身的技术优势,与公众、医疗机构、研究机构等进行知识整合、开放和共享,已经研发出我国最大规模的电子病历知识图谱系统,共涵盖了 18 个大类的医学标准术语集、479 万个医学概念实例、3531 万组概念相互关系以及 9600 万篇文献知识链接。该系统创新了临床数据深度利用模式,打破了不同临床科室及医疗机构间的知识壁垒,支撑多学科、跨国界的临床高精尖研究。该系统还可发掘在真实世界临床数据海洋中被忽略的疾病信息,为重大疾病早期筛查、早期发现、风险预警、早期治疗提供了一种新工具。

【案例3-5】 菜鸟快递进村:在企业内和企业间实现知识整合、开放和共享

为了解决偏僻乡村农村电商发展过程中的物流效率和"最后一公里"的问题,菜鸟从2019年开始制订和推出了快递进村计划,整合不同企业间的资源、物流和仓储资源共享等,以期通过物流优化推动乡村的高质量发展和共同富裕。

首先,菜鸟公司于2019年7月与申通、中通、韵达等物流企业在总部合资组建了物流科技公司,提出"共同配送"的物流资源共享模式。具体而言,由各大物流企业统一设置运营网点,并整合人、车、场地、设施等,以减少一部分成本,形成网络资源复用,从而将现有的农村物流资源盘活,集约化发展,以降低物流企业的运营成本,提高运营效率。

其次,菜鸟为乡村共同配送网络提供"菜鸟技术和菜鸟服务体系",即通过菜鸟技术打破各快递公司包裹信息处理系统的壁垒,实现信息互通,对原先分散流通的快件信息进行统一读取和录入,以达到信息和数据的互联互通,实现企业内部和企业间的知识共享。在信息处理方面,该体系通过整合统一多个品牌的快件,有效提升了包裹分流处理能力和实际操作效率,实现提效降本。数据表明,2019年以来,菜鸟快递进村服务已在全国1000余个县、区、市帮助地方物流企业开展信息共享,有效提升了农村快递服务水平,帮助县域物流时效提高了30%,有效降低服务成本20%。

最后,除了通过软硬件实行"共同配送"盘活现有县域的物流配送能力,菜鸟还不断推动乡村企业之间的知识共享。基于淘宝天猫等电商资源和菜鸟技术,菜鸟计划在全国100个核心农产品基地成立和运营农产品上行物流及配送中心,打通"产、供、运、销"的农产品上行供应链路,让农产品能规模化集约化地快速进城,增加农村快递网点的业务量并提高其利润水平。

菜鸟公司建设了1000多家农村物流配送服务中心,把更多农户和农业产业链联系在一起,参与农业供应链的各个环节,加速培养"新农人",推动"三农"建设,促进新农村建设,加速农业创新和农业现代化发展。

参考文献:

[1]菜鸟网络.菜鸟《2020企业社会责任报告》[EB/OL].(2021-05-27)[2022-02-10].https://www.sohu.com/a/468959516_403777.

[2]阿里菜鸟与中国快递协会发起倡议:加快快递进村助农货进城[EB/OL].(2020-04-21)[2022-02-10].https://www.spb.gov.cn/gjyzj/c200069/202004/f65b974e0e544c529ba4fd4b0525e486.shtml.

三、公私合作激发社会创新的活力和动力

2016年发布的《中华人民共和国国民经济和社会发展第十三个五年规划纲要》就已经明确提出了"创新公共服务提供方式。推动供给方式多元化,能由政府购买服务提供的,政府不再直接承办;能由政府和社会资本合作提供的,广泛吸引社会资本参与"的指导意见。这个政策和之后一

些相关指导意见为我国公私合作一起致力于共同富裕建设提供了具体目标和途径。

公私合作关系(Public-Private-Partnership, PPP)是指公共部门通过与以企业为主的私人部门建立和形成合作关系来提供公共商品或公共服务的一种方式,是实现社会发展目标的一种重要机制创新。在该模式中,公私部门双方发挥各自的优势来提供公共产品或公共服务,提升服务质量和满意度,共担风险与责任,也共享收益。通常所说的公共产品或公共服务是指基础设施、医疗、就业帮扶等。

在促进共同富裕的目标下,公私合作最主要的作用就是多元化融资,减少财政支出压力。中国经济社会发展面临的推进新型城镇化建设和应对人口老龄化这两大事项都需要大量的政府财政支出①。在这种情况下,政府通过公私合作等方式鼓励和吸引民间资金、社会资本和企业投资于重要民生等工程项目,从而形成政府资金与其他各类社会资金之间的高效协作。这样能更好发挥各方力量,有效解决实现共同富裕进程中的资金问题,并提高资金使用效率。

公私合作的社会创新不只是增加政府投资资金来源的一种手段,更是一种理念、信息、科技、管理等社会资源融合的方式,是企业致力于可持续发展目标实现的策略之一。例如,作为第一家宣布支持"共同富裕"战略的跨国医药保健品公司,强生公司在2016—2021年为中国捐赠了十亿多元,每年服务超十万家基层医药卫生机构,为一亿人次提供创新的医药产品和健康问题解决方案,并累计为上千万名医务工作人员提供了无偿

---

① 贾康.公私合作伙伴关系与混合所有制创新[EB/OL].(2014-07-18)[2022-02-10].http://www.rmlt.com.cn/2014/0718/293739.shtml.

的专业培训①。

借由公私合作的资源协作功能,公私合作模式出现在共同富裕的不同领域。以精准扶贫为例,通过公私合作可以提升各地扶贫资金的配置效率,从而增强地方脱贫攻坚项目实施的融资能力和资金支持,从而改善地方扶贫资金供给模式。

精准扶贫比较适用以下三种公私合作模式。第一种是兴建—拥有—运营(BOO 模式),即企业等私营组织建造并运营服务设施以供给公共产品和公共服务,而不将服务设施的拥有权转让给政府部门。这种模式通常也体现在金融扶贫、产业扶贫等项目中。第二种是设计—兴建—转移(DBT 模式),也就是由政府部门出资,企业等私营机构在工程项目设计和建造完毕后,把设施项目的所有权、经营权等全部转让给政府。这种模式主要体现在乡村贫困地区的农田水利基础建设、拆迁安置转移等项目。第三种是由政府部门购买公共服务,即由政府部门按照对贫困地区公共服务的要求,采用招投标的形式优选私营机构在规定期限内向贫困地区提供合同中规定的公共服务。这种模式主要应用在贫困地区教育、健康、医疗、培训和文化产品的供给等方面。②

在养老方面,居家养老和老年食堂等项目都是公私合作的体现。例如案例 3-6 的"养安享"居家养老项目,该项目体现了政府、企业和公众的合作,政府提供场地和部分补贴,企业提供养老服务,老人的家庭提供日常关怀,共同为老人打造幸福晚年生活。

---

① 三大战略、六大举措,强生中国宣布助力"共同富裕"目标愿景[EB/OL]. (2021-12-21)[2022-02-10]. https://www.jnj.com.cn/news/press-releases/20211221071823.

② 唐惠敏,范和生. 精准扶贫与公私合作(PPP)的协同治理[J]. 宁夏社会科学,2017(3):87-93.

【案例3-6】 "养安享"居家养老项目：政府、企业和公众的合作

浙版传媒控股集团有限公司、修正药业集团股份有限公司和浙江新联控股股份有限公司联合出资1亿元成立了养安享养老产业股份有限公司（以下简称养安享公司），建设了"养安享"养老平台，其养安享模式已在浙江、云南等多个省份运行和发展。

养乐享模式是落实国家"居家为基础、社区为依托、机构为支撑"政策的一种居家养老模式。养安享居家养老服务中心的场地由所在街道提供，地方政府根据项目情况提供一部分补贴，而养安享公司则负责运营维护，为老年人提供服务。养安享模式发挥了公司的市场主体作用，借助公司的品牌公信力、优质产品服务、大平台、大数据分析、O2O（online to offline，指将线下的商务机会与互联网结合）技术，为广大老年人群提供老年人养护健康、老年人医疗保健、老年文娱、老年人文化教育、老人旅行等内容丰富的综合性服务，并专注于让全体老年人达成养老、安老、享老的幸福和谐快乐的晚年生活。

居家养老不仅可以维持原来的家庭纽带关系，还拥有社会机构养老专业、细心的服务，在健康问题以及年长者娱乐生活方面较家庭养老更具有优势。养安享公司自成立以来，在与各级政府部门、机构和家庭的合作中，通过组织社会养老义工多服务机构发展等形式的惠老、助老业务，迅速补上了服务业的发展短板、释放养老需求。

第四节　社会创新实现共同富裕的政策建议

围绕社会创新的含义、社会创新促进共同富裕的作用机理与实现共

同富裕的模式,本章前面三节基于实践案例对社会创新如何影响共同富裕进行了详尽的介绍。然而,共同富裕的构想并不是一蹴而就的,社会创新的力量也需要在更加完善的政策体系中得到更有效的发挥。

一、提升社会创新的认识和参与度,促进多元主体形成合力

我国的社会创新虽然具有良好的发展前景,但还处在兴起和发展的初级阶段①。我们对社会创新的认识还不够,"社会企业家"个人典范涌现还不多,而社会创新本身也仍然存在创新程度不高、动力和积极性不够强的问题。随着个体力量的不断崛起、社会结构的不断变化、社会创新主体的渐趋多元,越来越多的大众参与社会创新,这将促进社会创新真正实现社会价值,实现共同富裕。

首先,我们要进一步创新和健全机制,鼓励政府部门、企业、非营利机构以及公民个人积极参与社会创新,构建多元协同的社会创新体系,充分调动全体公民共同致富的主动性和积极性,形成促进共同富裕的强大社会合力。必须促进企业管理者和企业员工形成自觉的社会创新意识,积极弘扬企业创业精神,充分发挥各类资本、技术、人才和组织等各方面的优势,并引导他们积极地参与解决社会问题,将对社会的奉献转变为企业的发展动力和竞争力;必须加快培养和提升社会人员的创新意识和创造力,让全社会的每一个人都积极地投入社会创新实践,努力培养一批充满梦想、勇于变革、善于创新、积极行动的社会创新先行者和领导者②。

---

① 李云新,刘然.中国社会创新的特征、动因与绩效——基于"中国社会创新奖"的多案例文本分析[J].公共行政评论,2016(4):147-170,209.
② 纪光欣,岳琳琳.德鲁克社会创新思想及其价值探析[J].外国经济与管理,2012(9):1-6.

其次，建议将社会创新融入公民教育以及思政教育，让社会价值创新嵌套于青少年的教育和培养体系，通过日常活动来强化和提升其社会公民意识和社会创新意识。攻坚克难的共同富裕目标和人民群众日益增长的共同富裕的需求要求我们坚持党的领导，坚定人民立场、依靠人民力量，凝聚民智、汇聚民意、表达民意、激发民力，紧紧依托人民群众，向着具有中国特色的社会主义共同富裕目标稳步前进。正如前文的案例中，余村从"石头经济"转变成"绿水青山"离不开"绿色浙江""千万工程"等政策和举措的推动，离不开余村两委班子坚持绿色发展的决心和智慧，更离不开每一位村民把握契机建设美丽乡村、发展休闲旅游业的努力。同样，老爸评测始于创始人关注孩子健康成长这一既是个人关切又是社会通病的问题，创始人将其转化为创业机会，成为融合社会价值与市场效益的社会创新领导者，也让更多大众通过其评测、抽检、实验等业务认识并增强了健康安全理念，积极投身于类似的社会创新实践。

二、制度创新，鼓励和保障企业进行社会创新

企业是中国社会创新活动的关键主体，这一特点在本章的案例中也得到了充分体现。在我国探索实现共同富裕的过程中，一大批兼顾核心竞争力与社会需求的企业不断涌现，为推动中国经济社会发展做出了巨大努力。在这一进程中，如何创造民营企业的良好经营环境，并激励和保障其社会责任意识，仍是我们需要思考的问题。2017 年 9 月，中共中央、国务院发布了《关于营造企业家健康成长环境弘扬优秀企业家精神更好发挥企业家作用的意见》，重点强调要鼓励和引领更多社会主体积极参与创业创新。只有为企业营造健康成长的环境、着力保护好企业家精神，才

能强化广大企业家的创新精神与社会意识,发挥企业在市场中的作用,鼓励和引领更多社会主体积极参与社会创新创业活动。因此,为了更好鼓励企业进行社会创新,保障其社会创新利益,我们需要推动制度创新,促进与社会创新相关的经济体制建设和完善。

首先,建议加强和完善保护企业家合法权益的有序法治环境体系,加大对社会创新成果的保护力度。社会创新不完全是高科技创新,还体现为服务创新、商业模式创新。因此,保护社会创新所产生的知识产权(如内容创作)需要我们完善知识产权保护法规,着力完善商业模式、创意产业等方面创新成果的产权保护办法,并平衡文化创意等方面创新与传承的关系。

其次,建立和完善有关社会创新的经济体制,完善诚信经营与公平竞争的市场环境对于企业的健康成长也至关重要。需要完善落实社会创新相关的质量审查制度与企业信用宣传,实施监管清单和负面清单制度,并研究形成激励企业社会创新的审慎监管机制。建议将企业社会创新活动的广度和深度作为考核指标,作为企业信用和审查机制的一部分,推动企业深入进行社会创新。

最后,要形成激励企业家进行社会创新的社会风气,树立正确、积极的舆论导向,对于合法合规的创新创业过程中的失败现象采取宽容、友好的态度,对于社会创新所带来的一些对社会习惯风俗的影响采取包容的态度。

三、加强对社会创新的监管力度,提高社会创新绩效

社会创新以社会价值为核心,其目的是促进社会进步和实现共同富

裕。社会创新的绩效暂时没有统一的评价体系。社会创新的目标就是创造创新的公共价值并发展好人民公共利益，这是社会创新活动价值的体现。但业界、学界和政府都还没有对社会创新给出一个统一界定，也未对社会创新给出较为合理的通用的评价体系。因此，本书提出以下三点有关社会创新监管的建议。

首先，将社会创新绩效融入企业创新评价，制定和完善社会创新评价体系。为了保障更多群体从社会创新工作中受益，应有效并合理评价社会创新绩效，从而激发企业参与社会创新的积极性，建议在现有的创新评价体系基础上，制定较为合理的社会创新评价体系。该社会创新评价体系不但需要充分考虑群体获得的直接收益，还要从宏观方面考虑其所产生的社会效益、创新价值及间接收益，鼓励不同类型组织参与和实施社会创新。

其次，加强以数字化为手段和工具的多方社会创新监管体系建设。社会创新涉及多层级利益相关者，需要多方监管。随着数字经济和人工智能技术的发展，越来越多的社会创新与智能化有关，与企业伦理和技术伦理相关。建议考虑网络平台、社交媒体等数字化工具的媒介作用，利用数字技术、区块链和人工智能等工具，构建社会创新数字化监管体系，增强社会创新的信息公开透明度，加大监管力度，并以此为基础设立和形成可追溯的调查机制和追回机制等，构建和完善具有实操性的社会创新监管标准。数智化社会创新监管体系还能有助于鼓励社会公众和第三方机构参与对线上社会创新项目的监督，比如蚂蚁森林的用户可以在手机上实时关注种树进展。水滴筹在监管体系上已经形成了一个从个人信息申报到社会大众监管再到第三方平台审核的监管体系，正是通过这个严密的体系,帮助水滴筹成功过滤了部分虚假筹款信息,在一定程度上遏制了不法分子使用假冒个人信息筹资牟利的不良现象。

最后,持续完善相关法律法规,合理合法地规范社会发展的有关事项,明确各类利益相关者的权限,减小数智技术带来的垄断影响。建议可以优先选择特定产业、特殊形式的企业进行试点,然后逐步以专项法规来取代行政法规,逐步健全法规制度,推动企业的成长,以此促进社会创新顺利进行和推广。

第四章

创新生态与共同富裕

第一节　创新生态与共同富裕的理论基础

一、创新生态的内涵

（一）生态系统

生态系统(ecosystem)是生态学领域的概念,它是指在自然界的某一空间范围内,由生物和环境构成的统一整体,两者通过相互影响、制约使整体在一段时间保持比较平稳的动态均衡状态。

随着经济的发展和社会的进步,生态系统打破了自然界的限制,向社会学、经济学、管理学等领域发展,可以说凡是具有动态平衡特征、各要素相互作用的整体都可称为特定范畴内的"生态系统"。

（二）创新生态

随着全世界新一轮产业革命的到来,新型技术如5G、区块链等不断涌现,新业态、新模式也随之出现,传统的创新范式被颠覆。企业不再孤立地进行研发活动,而是与供应商、互补者甚至竞争对手进行协同合作,实现价值共创。创新生态的重要性日益凸显。

创新生态系统的关键是创新主体本身以及它们与创新环境之间的交互作用问题①。在1993年Moore②提出的商业生态系统这一新概念的基础上,创新生态系统从各个角度得到了发展③。该系统的覆盖范围和内容是非常广泛的,包含政府机构、行业协会、利益相关者和竞争对手在内的其他参与者④。

在观念上,对创新生态体系的定义尚未得到全面的统一,学者们的理解包含宏观、中观、微观不同层次和要素、功能、结构等视角⑤。Kim等认为,该系统的主体是企业,它们之间具有经济共生关系⑥;然而Zahra等认为,创新生态系统的形成基础是长期信任关系,这一生态网络是相互联结而又松散的⑦。

结合国内背景来看,创新生态系统的主体是企业,系统要素还包括高

---

① 张贵,刘雪芹.创新生态系统作用机理及演化研究——基于生态场视角的解释[J].软科学,2016(12):16-19,42.

② Moore J F. Predators and prey:A new ecology of competition[J]. Harvard Business Review, 1993(3):75-86.

③ Adner R. Match your innovation strategy to your innovation ecosystem[J]. Harvard Business Review, 2006(4):98-107, 148.

④ Iansiti M, Levien R. The Keystone Advantage:What the New Dynamics of Business Ecosystems Mean for Strategy, Innovation, and Sustainability[M]. Boston:Harvard Business Review Press, 2004.

⑤ Granstrand O,Holgersson M. Innovation ecosystems:A conceptual review and a new definition[EB/OL]. (2020-03-05)[2023-12-19]. https://research. chalmers. se/publication/514457/file/514457_Fulltext. pdf.

⑥ Kim H, Lee J, Han J. The role of IT in business ecosystems[J]. Communications of the ACM, 2010(5):151-156.

⑦ Zahra S A, Nambisan S. Entrepreneurship in global innovation ecosystems[J]. AMS Review, 2011(1):4-17.

校、科研院所、金融机构、政府等，它们之间形成了结构复杂的网络，在组织个体之间的协作中实现资本、信息、人力、技术等创新要素的整合，从而实现价值创造和可持续发展等。该系统中参与者的合作方式非常多元化，其中包括共同举办交流活动、交叉推广和资源共享等，但也少不了竞争关系的存在，它们形成了竞合共生、动态开放的复杂系统。

创新生态系统中各主体的角色及作用如表4-1所示。

表4-1 创新生态中各主体角色及其作用

各主体	角色	作用
政府	制度创新主体	· 具有宏观调控、政策制定、财政管理、法律监督等作用 · 打造有利于发展的政策、法律环境 · 推动系统中的各类创新活动正常进行
企业	创新实施主体	· 位于核心，与其他主体有着直接或间接的联系 · 对政府制度政策的制定具有影响力
高校和科研机构	源头创新主体	· 高校是新知识、新技术的源头，能够进一步对其进行传播、发展和应用，并提供大量的人才供给 · 科研机构是先进技术的研发主力，同时进行一定的基础研究
中介机构	创新服务主体	· 为客户提供专业性的咨询服务，成为沟通的桥梁，并能够有效整合资源，帮助实现技术转移、人才匹配和技术成果转化
金融机构（银行、非银行和创投机构）	创新投入主体	· 作为主要资金提供方，是系统正常运行的重要保障
最终用户	创新驱动力	· 用户的需求可以直接驱动企业创新，满足需求也是企业创新的重要目标

资料来源：范洁. 创新生态系统案例对比及转型升级路径[J]. 技术经济与管理研究,2017(1):32-37.

二、创新生态与共同富裕的关系

在我国现代化进程中，共同富裕被摆在更加重要的位置。"做大蛋糕"和"分好蛋糕"是促进共同富裕需要兼顾的两个重要方面,即在促进经济增长的同时也要尽可能保证收入分配的合理性,让发展成果更多更公平惠及全体人民①。实现共同富裕不仅要把蛋糕"做大"和"分好",而且要持续地提升"蛋糕"的品质,而不同质量"蛋糕"所带来的满意度和幸福感也各有差异。可以说,在实现共同富裕的三大要求中,创新生态都发挥着举足轻重的作用。

建设创新生态系统可以促进经济增长,是"做大蛋糕"的重要支撑。该系统对于我国的经济发展具有重要意义,可以从提高创新机构的科技成果产出、优化产业布局、营造良好的创新环境、提升机构服务水平等方面促进经济水平的提高。其中,支撑经济增长的标志和结果表现为提升企业内部生产要素的质量以及优化产业间的经济结构。除此之外,在创新生态体系中,处于中心地位的企业以自下而上的方式实现对资源的分配与产业结构的调整,形成企业带动产业、产业带动整体经济发展的模式②。

建设创新生态系统可以调整财富分配,是"分好蛋糕"关键前提。创新生态系统内部存在明显的协同机制和辐射效应。城市之间的协同机制表现为具有互补创新要素的主体依托于彼此间的协作,充分借助各自的优势资源进行创新实践,达到共生共赢的效果,通过促进各地区创新要素的流通,实现财富分配。区域周边的辐射效应表现为把创新资源集中在具有高创造力的中心地区,发挥其聚集辐射作用,把它打造成周围地区的科技创新源头、高新技术产业扩散点和信息流通的枢纽,再通过大带小、

---

① 黄灿,陈真真,周徐冰,等.创新生态系统助力共同富裕[J].科技中国,2022(8):21-23.
② 宋晶, 高旭东, 王一.创新生态系统与经济增长的关系[J].技术经济, 2017(12):23-29.

先进带落后、现代带传统等模式，实现生态系统内部的共同富裕，并逐渐扩大影响力，形成辐射效果①。

建设创新生态系统可以优化发展质量，是"提升蛋糕品质"的根本保障。建立创新生态系统能推动整个体系的科技进步和创造力激发，从"高速发展"到"优质发展"，由"中低档定位"转向"中高档定位"。具体来看，建设创新生态系统有助于吸收并集聚创新资源，将它们有序、有目标地进行整合，从而推动高质量发展并成为一股强大的内生力量，提高整个国家的经济发展质量。在区域创新方面，该系统通过集聚区域内的各类创新要素，充分利用其差异性，以高端嵌入、重点突破、合理布局、转型引领为重点，建立以高新技术产业为全产业链及价值链核心的创新生态系统，从而为高质量发展打下良好的基础②。

可以看出，创新生态系统与共同富裕之间存在不可分割的紧密联系。中国经济的增长不仅依靠部分地区或者部分企业的发展，更是多方主体共同作用的结果。创新生态系统的发展可以弥合大企业和中小企业的差距、城市和乡镇的差距，促进区域高质量发展。创新生态系统的稳定运行对于共同富裕的实现发挥了举足轻重的作用，因此进一步理解创新生态系统的作用模式对于共同富裕的实现具有重要意义。

---

① 吕拉昌，赵雅楠. 粤港澳大湾区创新生态系统协同发展机制研究［J］. 特区实践与理论，2020 (5)：88-94.

② 施云燕，康海霞，迟浩. 区域创新生态系统视角下高质量发展的思路与对策［J］. 今日科苑，2021(3)：34-39,48.

第二节　创新生态实现共同富裕的发展

创新是实现可持续发展的动力源泉。在经济全球化的大背景下,几乎没有任何单一组织可以拥有创新所需的全部资源,为获取各类资源,有必要创造创新发展的合作网络,尤其是构建创新生态系统[①]。创新生态系统由企业、消费者、市场及所处的自然、社会、经济环境构成,形成了由供应商、技术提供者、制造商等组成的合作网络。构建创新生态系统有助于驱动区域经济发展和提升企业核心竞争能力。在创新生态系统中,企业与企业之间、企业与政府之间、企业与中介服务组织之间的壁垒减少,资源共享、协同发展大大促进各创新生态系统主体的效益提升,最终推动实现共同富裕。创新生态系统驱动共同富裕的实现路径有三种:供应链协同助力乡村全面振兴、创新产业聚集促区域优质发展、数据驱动平台赋能中小微企业。

一、供应链协同助力乡村全面振兴

供应链是企业从原材料和零部件采购、运输、加工制造、分销直到最终送到顾客手中的过程,是企业生产活动的前伸和后延[②]。供应链协同是供应链上相关主体做出的彼此协调和相互努力,有助于提高供应链的整

---

① 梅亮,陈劲,刘洋. 创新生态系统:源起、知识演进和理论框架[J]. 科学学研究,2014(12):1771-1780.

② 陈国权.供应链管理[J].中国软科学,1999(10):101-104.

体竞争力①。相较于供应链和价值链，创新生态系统的参与者更为广泛，还包含政府机构、行业协会、利益相关者和竞争对手等其他参与者②。

创新生态系统吸纳了供应商、制造商、消费者等主体参与，彼此构成了供应链的上下游。供应链协同把产品原料供应商、制造商、经销商、零售商等更加紧密地连接在一起。面对市场已转变为买方市场的情况，消费者对于产品的需求快速变化且期望越来越高。供应链的上下游处于信息不对称的状态，下游的经销商、零售商等与消费群体的接触更加密切，能更快、更全面地掌握市场需求信息。供应链协同促使产品需求和供应信息在上下游之间快速流动，促进上游企业精准高效生产，保障产品的供给与销售，维持供应链的稳定发展。创新生态系统营造了更加良好的政策环境、产业环境和竞争环境，以创新生态系统为基础的供应链协同将进一步激发上下游参与主体的发展活力，提升供应链整体绩效，优化社会资源配置。

供应链协同是实现共同富裕的助推器。供应链协同能够促进农业供应链转型、农村产业升级和农民就业增收，助力乡村振兴。"三农"问题是关系国计民生的根本性问题，截至 2024 年，中共中央已连续发布 21 个以指导解决"三农"问题为目标的中央一号文件，其中实施乡村振兴战略具有高度现实意义和历史意义。2024 年中央一号文件《中共中央、国务院关于学习运用"千村示范、万村整治"工程经验有力有效推进乡村全面振兴的意见》强调要"提升乡村产业发展水平"，具体包括促进农村一二三产业

---

① 曾文杰，马士华. 制造行业供应链合作关系对协同及运作绩效影响的实证研究[J]. 管理学报，2010(8)：1221-1227.

② Iansiti M, Levien R. The Keystone Advantage：What the New Dynamics of Business Ecosystems Mean for Strategy, Innovation, and Sustainability[M]. Boston：Harvard Business Review Press, 2004.

融合发展、推动农产品加工业优化升级、推动农村流通高质量发展和强化农民增收举措。在各经营主体参与供应链协同发展的过程中,核心企业或者平台企业拥有重要话语权,核心企业发挥"链主"作用,协同上下游企业或其他创新主体,通过完善产业体系,打通供应链,推动产销链接,提高供应链运行效率,实现整体效益增加。依靠核心企业或者平台企业发挥作用,供应链协同是助推乡村振兴的关键路径之一。

核心企业或者平台企业具备资源调配和整合能力,能高效发挥"链主"作用,协调供应链上的企业技术共享,推动大数据、人工智能等信息技术与农业生产经营高度融合,构建农业农村大数据体系,形成数字智慧农业。在互联网技术的支持下,核心企业或者平台企业为农产品搭建了网上销售平台,可直接与农产品种植地达成供销合作关系,或者建设农产品生产基地,采取直采直销模式,降低了因存在中间商而产生的成本,在优化农业供应链的同时,实现让利于农民。大数据、人工智能、5G等技术加速了信息在农业产业供应链各节点之间的流动速度,实现农产品供销和需求数据从销售端到生产端的实时共享。农民根据核心企业或平台企业传递的市场信息,合理分配土地资源和优化农产品种植结构,或者与平台企业合作发展农产品加工、乡村休闲旅游业等产业,有助于农村产业的升级与完善。

【案例 4-1】　美菜网

餐饮业一直是我国的重要行业,随着我国居民收入提高与消费升级,消费者对餐饮消费的生鲜食材品质要求也越来越高。信息化技术为餐饮行业的生鲜食材采供保驾护航,为其发展提供了无限空间。企业借助互联网科技掀起打造生鲜食材 B2C 及 B2B 等平台建设的热潮，然而后者因受限于生鲜食材采供的环节多、成本高、损耗大、品控难和市场差异大、需求不稳定、分散又难整等问题，它们普遍体量与规模偏小，很难形成核心竞争力。

其中，最具代表性的就是生鲜食材 B2B 模式的第一批尝试者——美菜网。2014 年 6 月 6 日，美菜正式成立。在创始人刘传军的带领下，美菜一直致力于用互联网思维去改变国内现代农业和餐饮供应链，"不忘初心、赋能农业"，以独有的"两端一链一平台"模式，创新升级农产品供应链，提高流通效率，让利两端，专注为全国近千万家餐厅提供全品类、全程无忧的一站式餐饮食材采购服务。2015 年后，美菜网一马当先，保持着快速的全国扩张态势。截至 2019 年 4 月，美菜网业务覆盖超 270 个城市，拥有 3 万名员工，5000 多辆货运车，累计服务超过 270 万家商户，单日销量已破 1.3 亿元。截至 2018 年，美菜网商户数从最开始的 12 家发展到现在的 10 万家，日包裹数近百万，累计配送超过 1 亿公里。此外，美菜网在 32 个城市建立了仓储中心，有保鲜、冷库等多种库房类型。2018 年 4 月，美菜网成功跻身"独角兽"，公司估值达 70 亿美元。

在其他企业 B2B 模式发展困难的情况下，美菜网迎难而上，分析形势，思考利弊，致力于用供应链协同的理念和先进创新的科技颠覆中国的农业市场，专注于全国近千万家餐厅的高品质、全品类、全无忧的采购服务需求。

美菜网的服务模式可以总结为"两端一链一平台"："两端"就是供给端和消费端，"平台"就是美菜网这个互联网平台，"链"就是供应链体系。美菜网在供给端投资建设了 5000 多个农产品供应基地，在消费端创建了四大优势以吸引客户,从供应链出发着力打造冷链物流,提升客户体验,并将平台从 B2B 延伸 F2B(即工厂向电商提供包括产品设计、展示包装、标准化制造、集中仓储、安全物流及售后的一系列服务,使电商可专注于市场营销开拓,打造并提升客户体验),保证参与方的深度锁定。美菜网通过自建仓储、物流、配送及数百个技术系统,贯通了农户种植产品的销售渠道,简化了中间环节,使农产品流通更为顺畅,实现了从田间到餐桌的无缝对接。

美菜网构建有标准化、可追溯、高要求的管控体系,优化客户体验和服务细节。一是生产标准化。其大力发展源头合伙人计划,公司与农户共同把控种植品种,辅以技术合作的模式,逐渐形成一套统一的生产标准。二是包装标准化。美菜网采用精心的包装,保证产品品质和新鲜程度。三是物流标准化。为压缩中间环节,提升效率,美菜网的运送采取全程冷链,严控温度,有效降低运输损耗,保障新鲜。四是产品标准化。美菜网积极从内在和外在方面努力,提升品质品相兼具的标准化产品。

美菜网通过组织共生、价值共享,致力于构建企业命运共同体。为服务好餐饮企业,美菜网对互联网平台、农产品物流供应链、农产品种植基地以及农产品消费的中小餐饮企业等进行有机整合,大大降低供应链成本,缩短运行时间,并形成闭环运营,从而服务好餐饮企业,使其食材供应质量和安全有了保障。为服务好农业与农民、贯彻惠民措施,美菜网构建了源头合伙人制度。根据该制度,一方面,美菜网依据大数据系统分析信息以及市场需求,及时将需求和信息反馈给农户。另一方面,美菜网要求合伙人应主动或积极协助管控蔬菜基地。他们除了反馈市场需求,还要帮助农民把控产品质量、优选品种、改进技术等,并将其长期化和标准化。物流供应链作为连接农产品基地和消费端的关键,其全面建设和服务品质十分重要。美菜网对物流供应链的管理也尤为严格。美菜网大部分运输生鲜产品的司机是社会车辆司机,但公司对他们推行纪律严明的军事化管理。

美菜网一方面深化源头直采,另一方面努力削减供应链的中间环节,尽其所能地提高生鲜产品从农户到餐厅的新鲜品质,加快配送速度。美菜网还通过提供种子、化肥、农用工具等方方面面的服务,大大提高农业效率。其通过打造"两端一链一平台"的服务模式,实现供应链上下游协同,提高了运作效率;又根据"价值共享,开放合作"的理念构建企业命运共同体,立足客户、消费者、合作伙伴以及企业等多方利益,以标准化和客户服务为重点,建设供应链协同模式下的创新生态,最终在生鲜电商领域脱颖而出,改变了国内农业,提升了农民生活水平,助力共同富裕。

参考文献:

[1]杨宏云,王帅龙,徐玉娇,等."买菜卖菜上美菜":生鲜食材供应独角兽创新服务致胜记[DB/OL].中国管理案例共享中心,2020-03-17.

[2]凤凰网.美菜网强化两端服务能力,深入供应链完善升级[EB/OL].(2021-09-09)[2024-01-11]. https://i. ifeng. com/c/89OJnLiMcax.

二、创新产业聚集促区域优质发展

在高质量发展中促进共同富裕是推进共同富裕的总思路之一。2021年8月17日,习近平总书记在中央财经委员会第十次会议上强调:"共同富裕是社会主义的本质要求,是中国式现代化的重要特征,要坚持以人民为中心的发展思想,在高质量发展中促进共同富裕。"[①]产业聚集是推动区域经济发展的重要途径[②],各地区根据自身资源优势和地域特色构建产业聚集地。各地区产业层次参差不齐,各地经济发展情况不一,逐渐形成地区差异。地区差距的扩大与产业聚集有密切关系。要推动落后地区发展、带动区域实现脱贫致富,需要在吸引产业聚集的基础上努力形成高水平高质量的产业聚集。随着5G技术、大数据技术、数字经济和"互联网+"的蓬勃发展,大力培育创新创业生态已成为各地发展的口号之一。创新是实现区域经济社会进步的动力,创新创业生态的培育与创新型产业集群发展相辅相成。

创新产业聚集能够加速区域高质量发展和缩小地区贫富差距,构建高质量现代化产业集群为区域高质量发展奠定坚实基础。2021年以来,多地已提出建立千亿或万亿级别的创新产业集群,夯实共同富裕基础。浙江省温州市构建了瓯江口产业聚集区,并打造"产业智脑+智能工厂"创新平台以赋能产业管理,为高质量发展推动共同富裕示范探路[③]。通过

---

① 在高质量发展中促进共同富裕　统筹做好重大金融风险防范化解工作[N].人民日报,2021-08-18(1).

② 刘军,徐康宁.产业聚集、经济增长与地区差距——基于中国省级面板数据的实证研究[J].中国软科学,2010(7):91-102.

③ 温州市人民政府.瓯江口"产业智脑"为共同富裕探路赋能[EB/OL].(2021-07-26)[2024-02-02].https://www.wenzhou.gov.cn/art/2021/7/26/art_1217832_59055107.html.

加强产业集群中各企业的人才、技术、资金、市场等方面的交流合作，创新产业聚集使企业间的联系更加密切，实现技术、知识等多方面的相互补充，共享发展成果。由于创新产业聚集更加强调产业的知识性和技术密集程度，使集群内专业化小企业学习新技术变得容易且成本更低，为小企业发展扫除不必要的障碍，摆脱"学习曲线"的困境。集群内企业之间在龙头企业的领导和示范效应下，通过竞争和合作的互动关系形成正反馈协同效应，如经济效应、社会效应、文化效应等，促进区域、产业和企业形成长期稳定发展的局面，带动集群企业和区域的经济增长。创新产业聚集更可加速形成区域优势，逐步成为市级、省级名片，打响全国市场和国际市场的名气，为产业聚集所在地创收，提升当地经济水平，实现区域共同富裕。

扩大中等收入人群规模和增加低收入群体收入是实现共同富裕的关键。创新产业聚集创造和提供大量岗位，缓解区域内的就业压力，增加居民的收入。人才流出是国内大部分地区发展落后的重要原因之一，创新产业聚集为区域内众多有能力的人才提供能够发挥其价值的岗位，解决如何留住人才的重大难题。创新产业聚集通过营造良好的营商环境和创新环境，有助于充分激发人才就业创业能力、增强区域人才致富本领。创新产业聚集通过创造就业机会、激发创业致富本领和留住人才，成为推进实现中等收入群体规模扩大和低收入群体收入水平提高的重要抓手。

【案例 4-2】 "泉州芯谷"光电产业园

在日趋复杂的国际环境下，做大做强半导体产业，成为时代的呼唤与国家产业转型的战略先导。在这样的背景下，作为"泉州芯谷"启动区，福建泉州（湖头）光电产业园于 2011 年 10 月正式开工建设。

坐落于泉州市安溪县湖头镇的光电产业园聚焦芯片市场痛点,希望打造半导体全产业链,建设一个具有国际影响力和市场竞争力的半导体产业集群。园区整体规划面积 15000 亩(约 1000 万 m^2),投资 500 亿元,是福建省最大的专业 LED 高科技产业基地之一。

在推动泉州高质量发展的需求下,安溪县肩负"打造泉州新增长极"的新使命,急需打造一个多点支撑、协同发展的新格局,培育出具有辐射带动作用的经济增长新引擎。结合时代背景和区域特点,安溪县人民政府以半导体光电行业高端项目为突破口,培育和壮大新兴产业,引进上下游企业与相关配套企业来布局、延伸产业链条,促使一个个企业汇聚成以产业链关联为纽带的产业集群,共同成为"泉州芯谷"光电产业园的鲜活细胞和造血源泉。

产业园最先引进福建晶安光电有限公司入驻,该公司处于整个供应链上游,占据园区产业的龙头地位,积极发挥产业集群的主导作用。产业园于 2012 年与 2013 年又先后吸引福建省信达光电科技有限公司与福建天电光电有限公司两家公司入驻,在已有产业链的基础上进行了拓展延伸。随着上下游企业和配套企业的陆续进入,园区的集聚效应不断显现,吸引更多其他关联企业入驻。经过多年的培育和发展,产业园已经形成以晶安光电、信达光电、天电光电及中科生物四家龙头企业为主,以键合引线、电子包装材料、研磨液等相关的配套企业为辅的 LED 全产业链发展格局。园区龙头企业高效发挥在产业集群中的主导作用,凭借发展的领先优势和丰富的经验与资源带领园区企业共同成长,推动园区企业在合作中成长、在竞争中发展。

为吸引更多高新科技企业入驻与人才汇聚，壮大产业集群，完善产业生态，"泉州芯谷"光电产业园区积极推进一系列优惠政策，助力企业发展。首先，人才是企业发展的核心竞争力，如何吸引人才汇集、保障人才权益、促进人才发展是园区必须解决的问题。产业园作为福建省首批"人才驿站"示范站，优先享有各级人才优惠政策，为了保障企业的用工需求，产业园常年为有需求的企业提供如代企业招工等劳务服务。为努力留住人才，对产业园引进的高层次人才，园区根据收入情况按所缴纳个税给予补助。考虑到人才的发展需求，产业园与安溪县内五所大中专院校合作为员工提供进修服务，帮助员工在工作的同时有机会进行学位进修与继续教育。其次，产业园从土地政策、税收政策、基础配套设施、资金支持等方面为企业提供支持，通过优化营商环境优化和激发企业创新活力，帮助园区内企业实现转型与升级。产业园采取"先建后补、以奖代补"的方式，让企业能够以较优惠的价格获得生产所需要的土地，减少企业土地支出；产业园对新入驻的企业，特别是高新技术企业，在厂房租赁、技术研发等方面的投入采取补贴措施；为降低企业融资成本，产业园积极与当地政府、银企合作，设立安芯基金等支持园区企业的资金需求。

"泉州芯谷"光电产业园在扩大营收、吸纳就业、提高居民收入等方面发挥了重要作用。产业园入驻企业数量与园区年产值、营收逐年递增，已累计实现产值上百亿元，纳税近 10 亿元，其中，2020 年产业园营收约 45 亿元，创造了 1.4 亿元的税收。企业入驻与项目落地为当地居民提供了就业机会，入驻园区的企业通过组队招工、校企合作、建立园区社会化劳务公司等多种方式吸纳众多当地人口就业，已累计招工万余人次,大大促进当地居民收入的增长。"泉州芯谷"光电产业园在建设过程中创造了良好的经济与社会效益,真正地促进了泉州和安溪当地实现共同富裕,是创新生态系统驱动共同富裕的典型案例。

参考文献:

[1]黄怡,仲建兰,范自诚,等.泉州芯谷:如何通过产业集聚打造光电航母? [DB/OL].中国管理案例共享中心,2021-07-19.

[2]泉州经济网.泉州半导体产业:以"芯"为心 再造千亿产业集群[EB/0L].(2019-05-09)[2024-01-11]. http://www. qzce. com/ html/news/201905/09/31076. shtml.

[3]人民网."泉州芯谷"产业园拥抱"芯"产业打造"芯"航母[EB/OL].(2017-04-20)[2022-02-15]. https://www. sohu. com/a/ 135166120_114731.

[4]闽南网."泉州芯谷"将打造千亿产业集群制造新增长极. (2017-04-26)[2022-02-15]. http://www. chinaqw. com/qx/2017/04-26/138898. shtml.

三、数据驱动平台赋能中小微企业

艾瑞咨询《2021 年中国中小微企业融资发展报告》显示,小微企业数量占全国实有各类市场主体比例 96.8%[①]。中小微企业在增加就业岗位、提高居民收入、保持社会和谐稳定等方面发挥着举足轻重的作用。学

[①] 艾瑞咨询.2021 年中国中小微企业融资发展报告[R/OL].(2021-11-15)[2023-12-19]. https:// report. iresearch. cn/report_pdf. aspx? id = 3877.

创新驱动：实现共同富裕的必由之路

界也已经提出了"支持和引导中小微企业发展助力共同富裕"①"中小微企业发展有利于扎实推进共同富裕"②等观点。2021年,国务院印发《"十四五"数字经济发展规划》,规划提出到2025年,我国数字经济核心产业增加值占国内生产总值的比重要达到10%,强调以数据为要素,赋能传统企业转型升级,培育新产业新业态模式,打造创新生态系统。在国家大力支持浙江建设高质量共同富裕示范区的背景下,数据驱动企业发展尤其是中小微企业的发展不仅能促进我国数字经济发展,还能为建设高质量共同富裕注入源源不断的能量。构建驱动中小微企业发展的创新生态,将为中小微企业促进共同富裕发展提供更坚实的保障。

数据驱动平台赋能中小微企业发展,更好发挥中小微企业推进共同富裕的促进作用。要实现高质量共同富裕,关键是要把经济"蛋糕"做大并分配好。中小微企业数量占我国经济市场主体的绝大部分,如何帮助他们转型升级,把企业的经济"蛋糕"做大以促进共同富裕是必须加快解决的问题。在宏观经济下行的背景下,我国中小微企业的生存压力增大。融资困难、自身抗风险能力弱、科技成本压力大等问题给中小微企业发展前景增加了更多不确定性。以创新为驱动,构建能为中小微企业提供政策、技术、人才、资金等支持的创新生态,尤其是构建数据驱动平台,可以为中小微企业转型升级实现高质量可持续发展提供强大保障。以数据支持为基础的互联网平台具备衔接多维度资源的能力,不同行业的中小微企业、政府、金融机构、基础设施提供商等参与方的资源被整合在平台上,

① 傅祺.支持和引导中小微企业发展助力共同富裕[J].浙江经济,2021(9):58-59.
② 孙文凯:发展中小微企业有利于扎实推进共同富裕[EB/OL].(2021-11-08)[2022-02-10].https://www.163.com/dy/article/GO9O591U0516R4QO.html.

由此构成的数据生态为中小微企业转型升级提供了组织、技术、商业模式等层面的解决方案,帮助企业自我改革,实现融资渠道拓宽、组织管理能力加强、技术创新整合、商业模式优化等方面的成就。由于中小微企业所处产业与行业具有多样性,数据驱动的互联网平台大大促进了多主体合作,帮助企业获取多元知识和资源。通过跨领域、跨行业的企业赋能,助力多领域多行业企业蓬勃发展,创造更多经济收益,实现促进共同富裕的重大使命。

【案例 4-3】　海尔卡奥斯 COSMOPlat

卡奥斯 COSMOPlat 是海尔集团基于 30 多年的制造经验打造的国家级"跨行业跨领域"工业互联网平台,创建于 2017 年 4 月。卡奥斯 COSMOPlat 的定位是为用户引入全流程参与体验的工业互联网平台,为全球不同行业和规模的企业提供面向场景的数字化转型解决方案,推动生产方式、商业模式、管理方式的变革,促进新模式、新业态的普及,构建"政、产、学、研、用、金"共创共享、高质量发展的工业新生态。

2017 年,作为国内首个自主研发、自主创新的工业互联网平台,卡奥斯 COSMOPlat 发布并开始对外提供服务。2018 年,卡奥斯 COSMOPlat 被评为全国首家国家级工业互联网示范平台。经历多年的探索与发展,卡奥斯 COSMOPlat 已探索出行之有效的发展和赋能道路。2023 年,卡奥斯 COSMOPlat 在工信部公布的入围 2023 年跨行业跨领域工业互联网平台名单的企业中脱颖而出,连续五年稳居首位。

依托以 BaaS(区块链应用服务)引擎为核心的共性基础技术平

台，卡奥斯 COSMOPlat 可对外输出软硬件一体大规模定制解决方案。针对不同行业和规模企业的转型需求，卡奥斯 COSMOPlat 为这些企业提供面向场景的数字化转型解决方案。该平台的柔性定制方案不仅能助力老牌传统企业转型升级，还能协助发展快速的专精特新中小微企业形成转型迭代的高效策略。例如，在卡奥斯 COSMOPlat 的赋能下，寻求转型的鲁中耐火材料有限公司的两条产值数千万级的生产线实现了全流程自动化协作生产，公司的交货效率和产品质量提升 10%，设备运维管理成本降低 15%，能耗成本降低 15%，人工成本降低 25%。

为满足工业领域的复杂场景需求，卡奥斯 COSMOPlat 创新地提出了"大企业共建、中小企业共享"的生态赋能模式，与行业或领域内的龙头企业共建平台，将沉淀的工业机理模型与中小企业共享，实现生产要素的跨行业、跨领域、跨区域高效配置，已孕育出汽车、模具、化工等诸多行业生态，链接企业近 80 万家。以卡奥斯 COSMOPlat 与奇瑞联合打造的汽车行业大规模定制工业互联网平台海行云为例，上线仅 3 个月，海行云就成功链接行业上下游企业 375 家，探索出覆盖汽车产品研发设计、生产制造、营销和服务等领域的 13 个典型解决方案，在助力奇瑞整车定制比例翻倍增长的同时，使上下游的中小微企业共享平台资源，帮助中小微企业解决自身发展难题，在平台学习中得以发展。

从"工赋青岛"实践经验中，卡奥斯 COSMOPlat 提炼出极具普适性的平台能力和工业机理，打造"1 + N + X"模式，总结出了以工业互联网撬动区域经济转型的新路径，并通过经验模式复刻，为城市、行业、企业赋能,加速数字产业化和产业数字化发展。截至 2021 年底,卡奥斯 COSMOPlat 已赋能青岛企业 3561 家,新增工业产值超过 210 亿元。其中,平台赋能的青岛中德生态园更是成功入选工信部首批国家级工业互联网园区试点示范项目,成为以平台赋能百业改造、以数据增益千企升级的"青岛样板"。

卡奥斯 COSMOPlat 不仅赋能山东青岛地区的产业,还结合各区域的发展特色,助力四川德阳、安徽芜湖等地区的发展。2021 年 3 月,为实现从"重装"到"智造"的转型,德阳市与卡奥斯 COSMOPlat 联合开启"工赋西南"专项行动,以"1 + N + X"的顶层架构,助力德阳打造西南工业互联网高地。在该平台的赋能之下,2021 年德阳市生产总值达 2656.56 亿元,增速居四川省第二,制造业占生产总值比重位居四川省第一,首次入选全国先进制造业百强市,交出了令人满意的"成绩单"。2021 年,芜湖市携手卡奥斯 COSMOPlat 推进"工赋芜湖"行动,将工业互联网落实落细到具体的项目中,探索可复制、可推广的数字化转型模式和典型应用场景。在该平台的助力之下,2021 年芜湖市生产总值增幅达 11.6%,位居长三角地区第一位。

卡奥斯 COSMOPlat 作为海尔在工业实务和互联网战略思维下孕育出的工业互联网平台,能够为不同行业和规模的企业提供面向场景的数字化转型解决方案。一方面,其能够针对企业的转型需求和不同特点,提供面向场景的模块化、数字化解决方案,通过柔性高效的定制,实现企业低成本转型,提升企业数字化能力。另一方面,其提出"大企业共建、中小企业共享"的生态赋能模式,与其他龙头企业共建平台,与中小企业共享经验,实现生产要素的跨行业、跨领域、跨区域高效配置。此外，它还总结出了"1＋N＋X"模式，在赋能青岛产业之余，通过经验模式复刻，结合各区发展特色，成功助力四川德阳、安徽芜湖等地的发展，可以说是数据平台赋能中小微企业的优秀代表。

参考文献：

[1]新浪财经.从中国第一到引领全球！卡奥斯为企业数字化转型贡献理想选择[EB/OL].（2021-12-21）[2024-01-11].https://t.cj.sina.com.cn/articles/view/7688172958/1ca40359e00101kf4g.

[2]搜狐.海尔共建共享工业互联网平台，带各大企业转型升级工业4.0.（2019-12-17）[2024-02-02].https://www.sohu.com/a/360918857_120444454.

[3]光明网.发挥平台规模优势，卡奥斯为山东经济高质量发展装上"科技引擎"[EB/OL].（2022-02-19）[2022-03-10].https://m.gmw.cn/baijia/2022-02/19/35529417.html.

第三节　创新生态实现共同富裕的政策建议

2023年，中国的全球创新指数排名上升至第12位，自2013年起，中国的全球创新指数连续稳步上升，不断实现新的突破。具体到城市，深圳、香港、广州、北京、上海、杭州等表现优异，均上榜"全球最佳科技集群"排行榜。中国在创新方面取得的瞩目成就离不开中国政府对创新在国家经济发展中核心地位的高度重视。

随着创新环境不断优化、创新创业主体数量持续增加，中国从国家层面高度支持发展创新生态。习近平总书记在福建考察时提出,要加大创新支持力度,优化创新生态环境,激发创新创造活力①。可见创新生态对激发中国创新创造活力、实现创新发展具有重要意义,加大对创新的支持力度是十分有必要的。《中华人民共和国国民经济和社会发展第十四个五年规划和2035年远景目标纲要》指出,要推动战略性新兴产业融合化、集群化、生态化发展。构建战略性新兴产业、创新生态体系对实现战略性新兴产业发展具有重要作用。中国在多个重点战略性新兴产业领域获得飞速发展,如工业机器人、工业互联网、5G等方面,也形成了多个新的创新生态体系。然而,创新生态体系的构建并不是一蹴而就的,完善的政策体系更加有利于创新生态的构建与稳定运行。

一、以政策、意见为保障带动乡村振兴与城乡共同富裕

尽管我国总体经济发展水平持续提高,但国内发展不平衡不充分问题依旧突出,城乡区域发展和收入分配差距较大的问题仍然存在。在此背景下,以政策为保障,促进产销链接,实现产业链、供应链、价值链的延伸拓展,缩小农村和城市的差距,带动农村实现共同富裕具有重要意义。

第一,政府可以通过建设共同富裕示范区推进城乡同步发展,努力缩小城乡差距。以浙江省为例,在浙江省统计局发布的《2021年浙江省国民经济和社会发展统计公报》及其官方解读中提到,浙江城乡发展水平均持续改善,城乡差距的缩小成为浙江经济的一大亮点和推动共同富裕的实质性进展表现。2021年,《中共中央、国务院关于支持浙江高质量发展建

---

① 在服务和融入新发展格局上展现更大作为　奋力谱写全面建设社会主义现代化国家福建篇章[N].人民日报,2021-03-26(1).

设共同富裕示范区的意见》将浙江的共同富裕发展目标分为两个阶段,一是到 2025 年实现人均地区生产总值达到中等发达经济体水平,城乡区域发展差距、城乡居民收入和生活水平差距持续缩小;二是基本实现共同富裕,城乡区域协调发展程度更高,收入和财富分配格局更加优化①。不可否认的是,浙江省也存在发展不充分不平衡等问题。为推进共同富裕示范区的建设,浙江省必须加快解决相关问题。

第二,政府部门可以规划农业现代化发展的路线,积极推动农村产业结构升级,支持农村产业发展基础设施建设。2021 年,国务院印发的《"十四五"推进农业农村现代化规划》强调,要推动农业产业链供应链优化升级,现代乡村产业体系基本形成。例如,2022 年浙江省诸暨市的"农村分红"模式就是城市与农村融合发展、城乡迈向共同富裕的印证。浙江省诸暨市丁严王村在村集体土地上兴办板材城,村民以占股分红的方式作为市场主体参与经济循环,获取收益。整合城乡资源、融合供求市场,是城乡迈向共同富裕的根本保障。

二、以制度性改革为动力提升集群企业整体创新能力

作为经济发展和区域创新的重要抓手,发展创新集群主导的创新生态对于我国共同富裕的实现仍然具有重要意义,然而现阶段我国创新型产业集群与在创新领域始终保持领军地位的美国等发达国家存在差距,创新型产业集群的建设仍需不断提速。

创新型产业集群旨在构建一个以区域为主体的创新生态,该创新生

---

① 中共中央、国务院关于支持浙江高质量发展建设共同富裕示范区的意见［EB/OL］. (2021-06-10)［2022-02-10］. http://www.gov.cn/zhengce/2021-06/10/content_5616833.htm.

态的稳定运行使生态系统内部的资源要素可以在不同创新主体之间实现有效配置,从而带动区域整体的经济发展。在中小企业集群形成的创新生态中龙头企业起到了不可替代的作用。龙头企业具有较强的创新能力、技术能力以及资源禀赋,可以为产业集群的发展提供持续的动力。政府应重点培植创新型产业集群中的龙头企业,为龙头企业的发展提供支持,从而提高创新产业集群的整体竞争力。此外,政府应支持龙头企业发展带来的增值性创新活动,提高产业链整体的价值创造优势,增强以龙头企业为核心的产业增值效应,从而保证产业集群稳定运行。

企业的创新从孵化到成熟需经历一段自然演进的过程,而政府在其中扮演着助推器的角色。创新集群主导的创新生态的发展离不开以下几个方面:核心产业竞争力、具备专业技术水平的人力资源、强有力的领导团队、稳定的市场需求、完善的基础设施、利于创新的监管环境、当地民众对产业发展的认同感等。政府应通过制度性改革以及资金投入满足企业生产研发对孵化地、研发地和配套设施的要求,使企业科技研发免受基础设施的制约,同时鼓励园区内的龙头企业优化要素和资源的合理配置,提升集群企业整体的创新能力。上文中所提及的创新产业聚集促进区域高质量发展的模式,就是创新集群主导下的创新生态体系的典型代表。

三、以新兴信息技术为核心赋能传统行业转型与升级

2013 年,浙江省被确定为全国首批创新型试点省份,浙江省多年来持续推动构建创新型省份和科技强省建设,着力构建创新创业生态系统,支撑和助力浙江省高质量发展。2021 年,浙江省人民政府印发的《浙江省科技创新发展"十四五"规划》指出,要打造"头部企业 + 中小微企业 + 服务

环境"创新生态圈,推动产业链上中下游、大中小企业融通创新①。2022年,浙江省科学技术厅发布了《浙江省技术创新中心建设工作指引(试行)》,该指引强调要协同优势创新力量,打造高效协同的创新生态圈,打造公共创新服务平台,强化平台共通、技术共享,提升产业技术创新服务能力②。在构建共同富裕示范区的中央政策指导下,浙江省必将进一步提升创新能力,拓展完善创新生态,以创新促进省内共同富裕发展,争取早日实现共同富裕的目标。

政府作为核心治理主体,需要结合数字网络新技术、新业态的发展,加快制定与之相适应的法律法规,并动态调整创新治理政策和体制,加大对新兴技术的投入,提升企业的数字化水平。此外,还需通过数据驱动共享信息资源以构建平台生态系统,为传统行业赋能,促进传统行业(如汽车、钢铁等)中小企业的发展。平台企业是数字网络空间经济活动的重要参与者,提升平台治理能力是推动创新体系建设的关键。然而,现阶段我国许多企业仍然缺乏基本的管理能力,在应对数字经济背景下新出现的问题以及开展平台治理时更加缺乏经验。阿里巴巴集团、百度公司、海康威视、吉利集团、飞利浦公司等企业在参与电子商务平台、云服务平台、物联网平台的治理过程中大胆创新,探索出一系列先进的平台治理实践经验。政府以及相关科研机构可以研究上述企业的平台治理能力建设路径,总结归纳平台治理模式,进一步促进平台企业为传统行业赋能,实现

---

① 浙江省人民政府.《浙江省人民政府关于印发浙江省科技创新发展"十四五"规划的通知》政策解读[EB/OL]. (2021-06-23)[2022-03-10]. http://www.zj.gov.cn/art/2021/6/23/art_1229019364_2305632.html.

② 浙江省科学技术厅.浙江省科学技术厅关于印发《浙江省技术创新中心建设工作指引(试行)》的通知[EB/OL]. (2022-01-19)[2022-03-10]. https://kjt.zj.gov.cn/art/2022/1/19/art_1229080140_2390174.html.

多方主体的共同发展。

　　创新生态体系可以融合多方创新主体,协同创新力量,实现资源优势互补、信息交换、产业衔接等。推进产业、区域等创新生态体系构建,对于推动共同富裕发展具有重要意义。

第五章

创新治理与共同富裕

第一节 创新治理与共同富裕的理论基础

一、创新治理的内涵

（一）治理

治理（governance）一词源于希腊语，原意为"控制""操作"。"治理"被运用在公司、社会、国家等层面，且衍生出"公司治理""社会治理""国家治理""全球治理"等相关概念。基于西方新公共管理和公共政策理论，"治理"被视为（权威主体）对事件实施控制、支配或管辖的行为①。

1995 年，全球治理委员会将治理定义为"公共、个人和机构管理其共同事务的多种方式和总和"。在我国，党的十八届三中全会第一次提出

---

① 蔡跃洲. 中国共产党领导的科技创新治理及其数字化转型——数据驱动的新型举国体制构建完善视角[J]. 管理世界，2021（8）：30-46.

"国家治理"概念,旨在推进国家治理体系和治理能力现代化①。

党的十九届四中全会审议通过的《中共中央关于坚持和完善中国特色社会主义制度、推进国家治理体系和治理能力现代化若干重大问题的决定》明确提出:"我国国家治理一切工作和活动都依照中国特色社会主义制度展开,我国国家治理体系和治理能力是中国特色社会主义制度及其执行能力的集中体现。"其中,"国家治理"是依托制度和规则体系开展的治国理政活动;治国理政活动实施所依托的制度、机制、规则等,以及活动实施主体和对象、治理的效果、利益相关者,共同构成了"国家治理体系"②。

(二)创新治理

在全球经济衰退的背景下,新一轮科技革命和产业变革逐渐成为引领国际竞争格局以及国际治理体系调整的核心动力,创新治理的重要性持续提升。2002年,伯克霍尔特和阿诺德在《研究和创新的治理国际比较研究》中首次提出了科技创新治理(governance of science,technology and innovation;STI governance)的概念,并且提出科技创新治理是国家治理体系的重要组成部分③。蔡跃洲将"创新治理"界定为借助相关的制度、规则和机制,有效组织、协调和引导国家创新体系或者区域创新体系中多元主体采取一致的行动,并实现促进科技进步、提高创新能力等目标的行为④。

---

① 万劲波. 完善国家科技创新治理体系的重点任务[J]. 国家治理,2021(Z4):40-45.
② 俞可平. 推进国家治理体系和治理能力现代化[J]. 前线,2014(1):5-8,13.
③ Boekholt P,Arnold E. The Governance of Research and Innovation:An International Comparative Study [R]. Ottawa,2002:3.
④ 蔡跃洲. 数字经济的国家治理机制——数据驱动的科技创新视角[J]. 北京交通大学学报(社会科学版),2021(2):39-49.

二、创新治理的特征

世界各国为积极应对全球金融危机和科学技术发展，均试图聚焦提升国家创新治理水平和创新能力，进而努力占领世界经济发展以及科技竞争的制高点。因此，创新治理的话题得到社会和学界的日益关注。由于创新治理涉及政府、高校以及科研机构等多主体的参与，涉及相关的制度、规则、机制设计和有效的组织、协调、引导，所以多主体间的协同治理模式、协同机制设计、创新治理相关的政策设计等成为关注的重点内容。

创新治理需要多主体合作。现有创新治理从自上而下和集中的方式向有利于合作、多行为和集群的方式过渡[1]；从国家创新体系治理发展向区域创新体系治理延伸。伯克霍尔特和阿诺德提出了一个理想状态下的国家科技创新治理结构（见图 5-1），共具有三个层次：顶层为政府（government）和部门（department）以及不同程度的咨询机构（advisory bodies），在这一层面开展科技创新的政策设计和总体战略制定；中层由研究资助者（通常是研究理事会、资助机构和专门机构）组成，他们负责向研究参与者（大学、研究组织和实验室、公司）分配资金；第三层由科技创新的实际参与者（actors that perform research and innovation）构成，它们是公共研发资金的直接受益者[2]。在日本和韩国的创新治理体系中，日本通产省和韩国科技部在协调各方利益、推动重大项目的实施、实现长期发展方

---

[1] Okamuro H, Nishimura J, Kitagawa F. Multilevel policy governance and territorial adaptability：Evidence from Japanese SME innovation programmes[J]. Regional Studies, 2019(6)：803-814.

[2] Boekholt P, Arnold E. The Governance of Research and Innovation：An International Comparative Study [R]. Ottawa, 2002：5.

面发挥了关键作用①。习近平总书记在中国科学院第二十次院士大会、中国工程院第十五次院士大会、中国科协第十次全国代表大会上指出"国家实验室、国家科研机构、高水平研究型大学、科技领军企业都是国家战略科技力量的重要组成部分,要自觉履行高水平科技自立自强的使命担当"②,为进一步明确国家战略科技力量的主要构成、类型和功能定位指明了新方向③。总体看来,中央政府不再是科技管理政策的唯一制定者,跨区域、跨国的科技政策成为科技政策体系的重要部分。

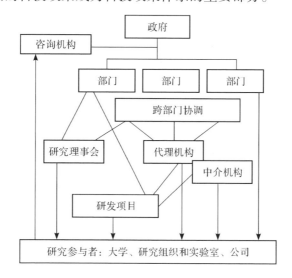

图 5-1　理想状态下的国家科技创新治理结构

资料来源:Boekholt P, Arnold E. The Governance of Research and Innovation: An International Comparative Study[R]. Ottawa,2002:5.

① Sharif M N. Technological innovation governance for winning the future[J]. Technological Forecasting and Social Change, 2012(3):595-604.

② 习近平. 在中国科学院第二十次院士大会、中国工程院第十五次院士大会、中国科协第十次全国代表大会上的讲话[N]. 人民日报,2021-05-29(2).

③ 尹西明,陈劲,贾宝余. 高水平科技自立自强视角下国家战略科技力量的突出特征与强化路径[J]. 中国科技论坛,2021(9):1-9.

创新治理存在多层级、多中心、网状的结构。越来越多的学者强调要关注政治层面的网络模式。蔡跃洲构建了以数据驱动为核心的国家创新科技治理体系框架，倡导建立涵盖政府、产业界、学术界、研究机构以及金融部门等多元主体的线下技术创新协同机制。此外，他还致力于完善技术创新数据信息的交流与共享平台，优化数据信息交换流程与规范，从而实现了多元化、多层次以及线上线下融合的互动协作模式①。

创新治理的有效实现，有赖于多主体协同机制的有效作用。在科技创新体系中，各主体都追求同一个价值，那就是实现创新驱动发展，科技与经济、社会协同。在文化机制方面，创新体系内部宽容、民主、多元化、鼓励冒险以及企业家精神等，能够极大地激发创新主体的活力和创造力；创新系统外部社会文化的契合以及各创新链条的咬合可以有效推动创新治理的运行。李正风和刘诗谣认为，多主体参与科技创新治理，应以信任关系为关键内核。基于群体规范而形成的良好信任关系可以极大提高多元主体之间的合作和行动效率。反之，如果信任关系缺失，则意味着多元治理主体之间"共识"与"同意"的缺位，由此导致科技伦理治理多元主体之间出现不信任的相互防范，进而全面拉低应对风险的层次②。

创新治理模式呈现出治理工具多样化，治理结构网络化特征。Kivimaa 等把维持变革的两种创新政策分为稳健型政策和激进型政策，分析了组合创新政策在推动技术创新方面的作用路径③。谢红提出，我国科

① 蔡跃洲. 数字经济的国家治理机制——数据驱动的科技创新视角[J]. 北京交通大学学报（社会科学版），2021（2）：39-49.

② 李正风，刘诗谣. 建构科技伦理治理共同体的信任关系[J]. 科学与社会，2021（4）：18-32.

③ Kivimaa P, Kern F. Creative destruction or mere niche support? Innovation policy mixes for sustainability transitions[J]. Research Policy, 2016（1）：205-217.

技创新治理需要从追赶型、管理型科技体制向引领型、治理型科技体制转变①。

创新治理政策不断演进和优化,不同阶段、不同时期,创新治理政策的关注重点也存在差异。第二次世界大战结束后,政府对科学和研发的支持形成制度化,聚焦利用私人提供的新知识解决市场失灵问题。20 世纪 80 年代是全球化的时代,激发创业精神,各割裂元素间的学习是科技创新政策的目标,实现方式是建立联系、集群和网络。现阶段,可持续发展目标和变革是创新治理政策的核心。随着数字时代的到来,国家创新体系的数字化治理和治理体系的数字化转型等议题也随之展开②。

三、创新治理与共同富裕的关系

共同富裕视角下,经济与社会的高质量发展依赖科技创新治理,通过架构创新治理体系,全面调控科技战略方向、科技创新流程及价值分配格局,创设系统性科技治理的制度与机制,精准锚定科技战略与人本主义理念的融合,为经济与社会进步筑牢科技根基、明确价值导向③。

创新治理影响经济总量的增加,进而为可分配的财富总量奠定坚实基础。创新治理的主要目标为实现、促进科技进步,提高创新能力等,而正如美国著名经济学家鲍莫尔(Baumol)所言,科技创新活动理所当然是经济增长奇迹的一个主要根源。科技创新通过催生新的业态、新的产业、新的科技来实现传统产业发展模式的变化以及技术革命,最终实现经济

---

① 谢红. 健全科技创新体制机制,全面提升科技创新能力[N].科技日报,2019-12-06(1).
② 孟天广, 赵娟. 大数据驱动的智能化社会治理:理论建构与治理体系[J]. 电子政务, 2018(8):2-11.
③ 陈劲. 共同富裕视野下的科技创新[J]. 中国经济评论,2021(9):52-54.

的增长。改革开放以来,科技创新在增加社会物质财富、城乡居民收入方面发挥着举足轻重的作用。2012 年,我国科技进步对国内生产总值的贡献率为 40% 以上,而到 2020 年,这一数据为 60% 以上。这一显著成就与我国自 2006 年开始实施自主创新、建设创新型强国的战略布局密切相关,在一定程度上印证了"科学技术是第一生产力"的论断。科技创新,是实现共同富裕的核心动力①。

创新治理调整价值分配过程,进而促进效率与公平的有机统一。科技创新并非有百利而无一害,在促进生产发展的同时,也可能会导致经济福利层面的地区经济差距、社会层面的收入差距拉大以及"结构性失业"等问题。通过促进科技知识在区域间的扩散和协同发展,能够缓解区域发展不均衡,且促进区域科技创新分工体系的形成②。

通过有效的科技创新治理,强化要素资源的配置效应,尤其是面向社会议题与社会意义的科技创新方式的出现,将为提高社会生产力、增强社会幸福感提供范式遵循,为分析科技创新驱动的要素配置提供新的理论框架。

第二节　创新治理实现共同富裕的发展

一、创新治理促进共同富裕的过程

（一）"三次分配"与共同富裕

2021 年 8 月,中央财经委员会第十次会议提出:"要坚持以人民为中

---

① 陈劲,阳镇,张月遥. 共同富裕视野下的中国科技创新:逻辑转向与范式创新[J]. 改革,2022(1):1-15.
② 李拯.以科技创新支撑高质量发展[N]. 经济日报,2022-01-11(10).

心的发展思想,在高质量发展中促进共同富裕,正确处理效率和公平的关系,构建初次分配、再分配、三次分配协调配套的基础性制度安排。"[1]这一论断释放出"十四五"期间缩小收入差距、实现共同富裕的强烈信号。

"三次分配"的概念由经济学家厉以宁于20世纪90年代提出,此后逐渐出现在官方文件中。相比市场根据要素贡献进行的初次分配、政府通过国家意志进行的再分配,第三次分配是社会主体自主自愿参与的财富流动,主要由高收入人群以募集、捐赠和资助等慈善公益方式对社会资源和社会财富进行分配,有益于实现更合理的收入分配,进而缩小社会贫富差距[2]。

(二) 创新治理如何促进共同富裕

首先,创新治理将提高初次分配的效率。初次分配专注在市场经济体系中按照各要素在生产中的作用进行分配,主要体现效率原则,即根据生产中要素的效率功能进行分配。自亚当·斯密系统提出古典政治经济学的增长框架以来,劳动分工便成为决定一国产业、企业实现效益改善与发展的关键要素,而提高劳动生产率的关键在于立足科技创新,优化包括劳动、土地、资本、技术等驱动经济增长的要素。有效的创新治理,将促进经济结构"创造性破坏"的实现,带动传统产业结构的升级转型,提升新旧动能转换效率。

其次,创新治理将进一步发挥二次分配的协调作用。二次分配指的

---

[1]　在高质量发展中促进共同富裕　统筹做好重大金融风险防范化解工作[N].人民日报,2021-08-18(1).

[2]　厉以宁.论共同富裕的经济发展道路[J].北京大学学报(哲学社会科学版),1991(5):3-13,128.

是生产之后，政府通过税收与财政支出，在不同收入主体之间进行再分配。创新治理能够强化有效市场与有为政府的资源配置效应，在科技基础设施建设、科技创新活动补贴、基础研究投入等非生产阶段进行收入分配。

最后，创新治理将为三次分配提供基础支撑。第三次分配主要由高收入人群自主自愿以慈善公益方式对社会资源和社会财富进行分配。有效的创新治理先通过促进高质量创新活动为社会创造更多财富，把财富蛋糕做大，高收入群体再在社会主义核心价值观和共同富裕导向下参与第三次分配，在这个过程中带来一系列社会效益，奠定共同富裕的基础。

总体而言，"三次分配"强调高收入人群按照社会道德伦理体系来行动。在"三次分配"概念下，实现共同富裕，关键是高质量发展，而科技创新是实现高质量发展的战略支撑。创新治理一方面能在促进科技高质量发展的基础上，创造产业、产品以及岗位新增量，另一方面也通过促进高水平的科研成果转化保障国家战略的达成，这也给大学以及科研机构的发展提出了高要求及新挑战。

二、创新治理促进共同富裕的总体框架

科技创新治理对于财富的创造及分配产生重大影响，以此为出发点，对应创新体系的基本架构与治理机制，结合共同富裕的内涵概念等，本书提出创新治理促进共同富裕的总体框架（见图5-2）。

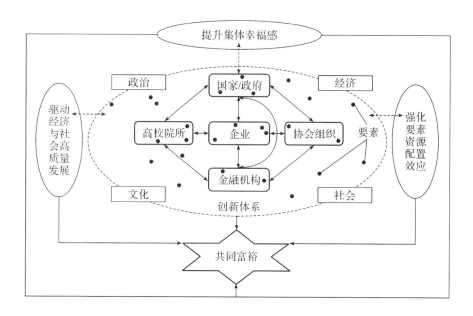

图 5-2　创新治理促进共同富裕总体框架

注:黑色黑点 ● 为创新要素。

（一）关键因素

首先,创新要素是创新活动的基础。在科技创新治理活动中,创新要素的建设至关重要。基于要素总量的增长,要素的配置和优化工作才得以有效进行。

其次,各要素的集聚将形成政府、企业等不同的创新主体。政府作为科技创新治理的主导者,主要开展科技创新的政策设计和总体战略制定活动,在共同富裕视角下,政府将起到配置要素和组织、引导其他主体推进共同富裕的重要作用。企业作为科技创新的实际行动者,是实现产业升级、促进经济社会高质量发展的关键力量。高校院所作为科技创新的主要参与者,也是基础研究和源头创新的主力军。在共同富裕视野下,高校院所将是促进知识和资源积累、整合和共享的重要平台。金融机构将影响其他创新主体的资金分配，关系到激励相容问题。协会组织将在服务社会、增加社会福祉方面起到辅助作用。

最后，创新主体功能的发挥有赖于合理的治理结构。一个国家或地区的创新效能不仅与要素数量、质量以及创新主体的能力有关，还与要素、主体之间的关联程度、中心程度等有关。在共同富裕视野下，创造更有利于要素流动、主体互动的市场结构、产业结构、空间结构，将提升整体效能，促进集体利益最大化。

（二）遵循原则

第一，激励相容原则。经济学家赫维茨（Hurwicz）论证过，纵然合作博弈难度很大，但某类合理的制度设计能让参与者不仅追求个人利益，还关注集体利益，如果让个人利益与集体利益保持一致，那这一制度设计则是能够激励相容的①。这意味着，科技创新治理的政策设计要兼顾所有利益相关者的利益，进而实现多方共赢。实际上，基于价值驱动机制、文化驱动机制以及信任驱动机制形成的科技创新体系能更好地满足激励相容原则，从而促进共同富裕。

第二，制度匹配原则。在科技创新治理过程中，制度和政策设计需要优先考虑建立在政治、经济、社会、文化的基础之上，并且在实现目标以及方式上与共同富裕相容②。该原则接近一种理想追求，也决定了以共同富裕为目的的制度设计并非一劳永逸，需要不断探索及迭代。在此基础上，

---

① Hurwicz L. The design of mechanisms for resource allocation[J]. The American Economic Review, 1973(2):1-30.
② 郁建兴，任杰. 共同富裕的理论内涵与政策议程[J]. 政治学研究，2021(3):13-25,159-160.

政府应该重点关注与创新治理相关的顶层设计,以系统性、整体性、全局性视角做战略性部署,梳理长远目标、体系构建、能力培养、实现手段以及各子系统与顶层规划间的关系。

（三）作用方式

第一,利用创新治理目标的约束机制,国家/政府等创新治理主体在设定治理目标和手段上与共同富裕兼容,驱动经济与社会高质量发展。现如今,经济增长使命逐步被高质量发展目标下经济与社会环境综合型目标使命所替代,从量的积累转变为质的追求。科技创新治理也将以追求高质量发展为使命目标,发挥科技创新体系的系统性优势,促进多方共赢,齐头向高质量发展迈进。

第二,调动创新体系配置机制,使多元主体履行职责、协同配合,强化要素资源的配置效应。在创新体系中,资源要素包括创新的人、财、物等。要素聚集形成企业、高校、协会组织、金融机构等创新主体,各主体间相互作用[①]。科技创新体系的有效治理,意味着资源的有效配置,各主体创新协作实现集体利益最大化。实现共同富裕关键在于高效发挥市场在资源配置中的决定性作用和政府"有为的手"的作用。强调借助有效市场与有为政府的结合,进而优化资源配置,使其更具包容性、普惠性。

第三,调动创新的共创机制,提升集体幸福感。共同富裕必须是人的全面发展,即人的主观能动性以及人的幸福感处于较高的水平或较优的

---

① 贺德方,唐玉立,周华东. 科技创新政策体系构建及实践[J]. 科学学研究, 2019（1）:3-10,44.

状态①。一方面,通过制度创新、公共创新、社会创新等治理路径,促进创业精神,实现社会的福利效应;另一方面,关注可持续发展目标和呼吁变革等与当代社会和环境挑战相关的治理话题,立足生态效应,实现环境友好型经济发展与绿色发展。

第三节　创新治理实现共同富裕的模式

创新治理促进共同富裕的典型模式主要有两种类型:一是政府引导推动治理多主体协同;二是科技创新赋能区域产业体系协同发展。

一、政府引导推动治理多主体协同

从创新主体的视角出发,政府、企业、个人作为重要创新主体均发挥了独特的作用。政府作为创新治理的关键创新主体,起着鼓励、引导、带动其他创新主体参与共同富裕建设的重要作用。政府应从以下四个维度发力,推动科技创新治理体系的效用发挥。

第一,通过强化顶层设计,进行高效科技创新部署。具体而言,一是建立专门的科技创新机构或部门进行总体统筹,全局规划;二是畅通政府各业务部门的沟通渠道,便于其为科技创新具体项目提供支持,发挥协同作用;三是建立外部科技创新支撑体系,包括组织成立外部科技创新专家团队及相应智库等;四是建立政府、企业及高校院所之间的沟通渠道,从而强化科技创新互动及政策有效传达。

---

① 陈劲,阳镇,张月遥.共同富裕视野下的中国科技创新:逻辑转向与范式创新[J].改革,2022(1):1-15.

第二,构建创新治理机制,建立健全共同富裕背景下的创新治理体系。具体而言,一是打造科技创新激励机制,激发企业科研人员以及其他科研工作者的科技创新热情;二是构建创新保护机制,保护科技创新成果;三是打造人才吸引机制,高度重视人才的重要性,投入专项资金吸引科技人才;四是设计相应的创新研发机制,激发企业的创新动能,如异地研发协同机制以及在企业建立重点研究机构等。

第三,以创新政策确保对企业科技创新的资源投入,助力企业技术突破与创新。政策的具体内容主要包括安排专项资金充实科研经费、人才引进、给予高新技术企业税收优惠、实施创新奖励、设立产业基金等。无论是产业基金及科研经费等形式的直接资金投入,还是税收减免及人才引进等形式的产业发展政策,其本质都是政府投入科技创新资源,目的是帮助企业进行技术攻关,提升其自主创新能力。

第四,营造科技创新文化氛围,为共同富裕背景下创新治理效用发挥提供良好环境。政府通过举办相应的科技创新活动以及采用科技创新导向的用人机制,结合对社会的创新激励,营造了一种科技创新的文化氛围。在该氛围下,各创新主体的科技创新活力能够进一步得到激发,与政府携手合力进行共同富裕建设。

如图 5-3 所示,在创新治理视角下,共同富裕的一种典型模式是由企业作为科技创新的重要执行者,在政府创新治理的理念引导下,坚持自主创新,实现产业追赶跨越,发挥示范带动效应,促进产业整体提升。一方面,企业响应政府的号召,在产业发展过程中培养自主创新的理念,坚持攻关核心技术,不断升级其运行方式和管理方式;另一方面,企业配合政府相关政策,高效利用好政府的资源支持进行科技创新,突破技术瓶颈,并且逐渐淘汰原本落后的、不环保的产能,推动产业转型升级。个人作为共同富裕的重要建设者,应贯彻政府以科技创新支撑共同富裕的思想,响应党的号召,贡献个人才智,接受并使用数字技术创新生产方式,提高生产力。例如,乡村振兴的过程中,村民响应政府号召,主动学习并使用数字化技术创新其传统生产方式,增加了收入。

政府作为主要的推动者,企业作为重要执行者,个人作为重要建设者,在构建科技创新支撑的共同富裕建设过程中相互协作、互动,发挥出很强的协同效应①。以政府主导推动的三大创新主体之间的互动,是科技创新治理促进共同富裕的典型模式。

从创新治理的行为结果与共同富裕的关系视角出发,首先,创新治理有利于推动产业的升级转型,提高发展质量效益,夯实共同富裕的物质基础;其次,创新治理下的基层治理效率得到极大提高,构建了舒心安心放心的社会环境;此外,创新治理响应乡村振兴具体需求,促进了乡村生产力的提高,产业的多元化发展,生态的保护与利用。不仅深化了收入分配制度改革,多渠道增加了居民收入,还践行了绿水青山就是金山银山理念,打造了美丽宜居的生活环境;最后,科技创新赋能下的公共服务能力的提升,均衡了城乡间的公共资源配置,缩小了城乡区域发展差距,实现了公共服务优质共享。

---

① 冯赵建. 科技创新赋能,助力实现共同富裕［EB/OL］. （2022-01-06）［2022-02-20］. https://www. gmw. cn/xueshu/2022-01/06/content_35430866. htm.

图 5-3　创新治理促进共同富裕的典型模式一

【**案例 5-1**】　**新昌县创新治理促进共同富裕**①

浙江新昌克服了区位及资源劣势,以科技创新和数字化改革为抓手,加快创新性举措的谋划实施,走出了一条科技强、产业好、生态优的高质量发展之路,是创新治理促进共同富裕的典型案例。

1. 政府通过强化顶层设计,进行高效科技创新部署

新昌县政府成立了科技创新委员会以强化统筹规划,建立了科技、发改、人才、经信、财税、金融等部门间协调机制,促进部门间协同,推动创新治理。为了更好地落实基层创新治理,政府还专门建立了科技指导员制度,打造了强科技部门、企业首席科技官、科技联络

---

① 走出一条科技强、产业优、生态好的发展新路:新昌经验:小县大创新[J]. 今日科技, 2020(5):5-8.

员、科技创新专家和科技中介五支队伍，强化政企科技互动及外部科技支持体系。

2. 政府通过构建创新治理机制，建立健全共同富裕背景下创新治理体系

首先，积极打造创新激励机制。新昌县政府通过推动企业进行股权激励、科技项目销售分成、按照项目制进行奖励、一次性创新重奖等诸多创新激励机制，充分调动科技人员的积极性。其次，根据实际情况构建创新保护机制。在强化创新保护方面，新昌积极探索知识产权综合管理服务，设立知识产权维权援助中心、知识产权司法保护中心和知识产权巡回法庭，推进规上企业知识产权保护警企联络室全覆盖，实现了从事后打击保护向事先预防保护的转变。再次，高度重视人才的重要性，打造人才机制，吸引科技人才。新昌县政府安排专项资金，大力引进高端科技人才及创新团队。例如，推出"天姥精英"计划，每年统筹5000万元以上资金进行高端人才和团队的引进，对自带项目、技术以及资金的高层次人才给予最高500万元的创业科研经费补贴。新昌还连续多年举办海外高层次人才智力项目洽谈会、中国·新昌"天姥英才"高层次人才创新创业大赛。最后，设计相应的创新研发机制，激发企业的创新动能。通过建立省、市、县三级企业研发机构梯队培育机制，将研究院建在企业。

3. 政府实施科技新政，"五个百分之百"推进科技创新政策落地

为了更好地发挥创新治理对共同富裕的促进效用，新昌县全面实行科技新政，强化政策扶持效果。一方面，新昌制定出台了20多部与科技创新相关的政策文件，每年安排4亿余元专项资金用于科

技创新、人才引进、战略性新兴产业发展,并同步设立 4 亿余元的产业发展基金以提供资金支持;另一方面,为了推进科技创新政策的执行落地,政府坚持"五个百分之百"的原则:全额拨付科研经费、全面落实区域内高新技术企业的税收优惠政策、全面落实区域内企业加计扣除研发费的计征政策、全面兑现区域人才政策、全面兑现创新奖励政策。

4. 政府营造创新氛围,为共同富裕背景下创新治理效用发挥提供良好环境

为营造浓郁的创新文化氛围,新昌每年召开科技创新大会,并专门确定"科技日",进行具备科技创新精神的科技工作者评选活动。此外,新昌采用科技导向用人机制,对科技创新工作抓得好的干部优先提拔使用,政治资源向科技创新工作卓有成效的企业家倾斜。通过这些方式,在政府各部门及企业之间均营造了浓郁的创新文化氛围。

5. 科技创新推动产业升级,形成智能制造"新昌模式"

2017 年以来,新昌推动智能制造"百企提升行动",在国内首推中小企业智能制造。通过将科技创新理念应用到对企业的生产、管理方式的提升上,实现企业信息化、智能化升级,加快了产品换代、机器换人速度,使企业生产方式更为柔性化,管理方式更为智能化、精细化。2020 年,新昌全县"两化融合"指数位列浙江省第一,成功入选"两化深度融合国家示范区"。

二、科技创新赋能区域产业体系协同发展

如图5-4所示,数字时代创新治理促进共同富裕的一种典型模式是通过构建农村电商服务体系,促进当地以农林牧渔为主的第一产业、以具有产业集群优势的工业产业为主的第二产业、以满足电商体系配套服务需求为主的第三产业均同步得到了巨大发展。政府作为主要发起方,并不强调对构建过程的全面掌控,而是明确自身作为倡导者及服务者的角色定位,充分发挥市场在资源要素配置方面的主观能动性,不仅促进了农村电商服务体系的加速构建、产业的快速融合,还让产业融合与电商平台的协同效应发挥到极致,极大支持了共同富裕示范区的打造。而创新治理则是该模式的核心支撑要素,不仅在产业发展过程中起到了关键作用,在电商平台构建以及协同效应发挥方面也有重大效用。

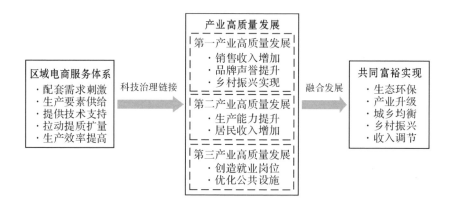

图5-4 创新治理促进共同富裕典型模式二

首先,创新治理为产业快速发展提供了新的生产要素支撑和良好的环境。一是在该模式下,创新治理不仅为第一产业的发展提供了底层技术支持,还为产业注入了新的生产要素。在促进第一产业发展的过程中,

科技首先是作为一种技术手段创新性地嵌入生产活动,极大地节省了人力。例如,安装智能设备可便于农户监控作物生长情况、掌握作物生长数据等。随着技术在产业内的不断纵深发展,科技创新开始发展为一种新的生产要素,不仅提高了产业的生产率,还促进了产业高质量发展。例如,智能设备的适用面愈来愈广,搜集到的数据更多维,可以此为基础进行智能数据分析,指导操作,提前预防规划。二是围绕当地特色工业产业,通过科技赋能促进当地工业产业升级,提质扩量,极大地推动了当地第二产业的发展。政府通过产业创新政策、科技创新机制构建等科技创新治理的方式方法,推动当地具有产业集群优势的特色产业进行自主创新,提升技术能力,促进产业升级。值得注意的是,科技创新治理在工业产业升级的过程中主要体现为对原有落后生产方式的更新和对新技术的突破,目的在于强化原本优势工业的基础。三是通过建立健全电商服务体系相关配套基础设施,以电商配套服务为主的第三产业得到快速发展。此时科技创新治理主要体现为新科技、新技术强化了电商服务体系的基础设施建设,是服务产业高质量发展的前提条件。例如,在上游以科技手段打造智慧供应链体系,在下游建立智能物流链、冷链体系,在中间环节提供安全、可靠的支付、金融等服务。在政府秉承科技创新治理进行上述基础设施建设的过程中,货运、流通、法律、支付、快递、配送等相关的配套服务也得到高质量发展。

其次,创新治理在电商服务体系搭建完成之后的协同效应发挥上起到了底层技术支撑以及创新要素链接的关键作用。随着电商服务体系的建立健全,相关产业也同步得到了发展。电商服务体系开始发挥效应,在相关配套服务支撑下助力地方特色工业产品及农产品网络销售。同时,通过大数据智能分析市场需求热点,搜集产品反馈,助力产业针对性迭代技术及产品。产业发展和电商平台协同效应初显。此外,还可借助电商平台的影响力开展电商扶贫等活动。

从结果来看,创新治理驱动的区域电商服务体系建设,促进了产业的高质量发展及电商服务平台体系协同效应发挥,进而促进了共同富裕。具体而言,第一产业的高质量发展增加了当地农产品的销售收入,提升了品牌声誉,直接促进乡村振兴建设;第二产业的高质量发展提升了生产力,增加了居民收入;第三产业的发展创造了就业岗位,也优化了公共服务的基础设施。以科技创新赋予电商服务体系平台化能力,又进一步强化了产业融合发展的效用。该模式下,经济发展质量及效益提高,夯实了共同富裕的物质基础;城乡区域发展差距缩小,实现了公共服务优质共享;环境得到保护,打造了美丽宜居的生活环境;共同富裕的理念得到多维度的展现。

【案例5-2】 永康市创新治理赋能电商服务体系建设促进共同富裕

在共同富裕的大背景下,永康市以"世界五金之都,品质活力永康"为主线,乘势而上、拼搏争先,创新治理赋能电商服务体系建设促进共同富裕,取得了不俗的成效。

政府建立三级电商公共服务体系及双创基地体系,高效统筹农村电商业务发展、培养电商人才。三级联动的公共服务体系及双创基地体系发挥了极大的效用。

1.围绕创新治理赋能农村电商主体能力提升以及基础设施建设

近两年,永康深入实施数字化、智能化改造,通过基础建设与服务开展,强化企业技术创新能力,取得不俗成效。其中,五金产业新增国家高新技术企业 87 家、省科技型中小企业 227 家、省高成长科技型中小企业 37 家,新增股份制企业 34 家、上市挂牌企业 16 家、建成全国"单品冠军"企业 500 家;也集聚了 9.3 万家网店,147 个淘宝村镇,是"全国十大淘宝村集群"之一。此外,政府注重发挥科技的作用完善电商的基础设施,如积极动员企业打造智慧物流,提升改造物流设施设备、建立智能化仓储、发展冷链物流、提高物流中心业务处理能力等。经过企业和政府的共同努力,永康智能终端站点的建设基本完成,实现了市内行政村物流全覆盖,构建起了完备的电商物流支撑体系。

2. 依托数字化技术,利用完备的农村电商服务体系,实现对口精耕式扶贫

一方面,永康以永康新农贸城为实体建立了全国首个电商扶贫供应链基地,并初步打通了四川理县、甘肃西和、湖北桑植等地的农产品扶贫供应链体系;另一方面,通过线上扶贫专区与线下新零售体验店结合的形式,重点扶持永康对口的贫困地区、浙江 26 个发展县等,推动抱团式发展。此外,永康还积极对接产品设计师,通过对农特产品进行全方位包装升级以及添加文创元素等方式增加了农产品附加价值。依托完备的农村电商体系及扶贫供应链,永康电商对贫困地区的农产品销售起到了直接的作用,增加了农民的收入。

3. 创新治理赋能数据资产使用,强化营销效果,推动产品品质提升

永康市政府为协助市内企业开发、改进现有产品,建立了大数据平台及大数据研究院,挖掘数据资产价值指导生产,打造县域数字化

发展"反向供应链"模式。通过这种方式，企业可用分析结果进行产品投放效果检验以及产品研发决策。

4. 以创新治理赋能农业智慧化建设，提效降本

近两年，永康通过构建"数字农业"示范基地及数字"三农"协同应用管理云平台，结合农业智能化升级，极大提升了农业生产效率，降低了人力成本。

参考文献：

［1］金华市人民政府. 永康农村电商新模式带动共同富裕［EB/OL］.（2022-05-30）［2024-02-02］. http://www. jinhua. gov. cn/art/2022/5/30/art_1229159979_60238758. html.

［2］程明星. 数字赋能田园追梦永康大力推进数字农业示范基地建设［EB/OL］.（2021-12-08）［2022-02-20］. https://ishare. ifeng. com/c/s/v0027lWGh8wZWsOWNwWDHg3lx6U0vs7b3RnEFUkh-MQfWG8.

第四节　创新治理实现共同富裕的政策建议

一、完善创新治理促进共同富裕相关政策体系设计

科技创新政策体系以创新要素、创新主体、创新关联、产业创新、区域创新、创新环境、开放创新和反馈这些要素为核心进行政策设计，对国家

科技创新体系运行与发展产生影响①。

要大力建立健全创新治理促进共同富裕的政策体系。创新治理促进共同富裕相关政策体系,应充分发挥科技创新治理在"做大蛋糕"和"分好蛋糕"方面的作用②。刘培林等认为,应基于数字技术建立高效、精准、规范、透明的二次分配体系,建立基于多维减贫理念的基本公共服务兜底政策体系,健全促进共同富裕的软基础设施,健全党领导下的对口帮扶机制,建立基于科技创新的宏观调控体系,建立基于科技创新的税收协调机制等③。

全面落实既定发展目标,是浙江省构建高质量发展共同富裕示范区的核心所在④。先要构建相应的体制机制和政策框架,进而推动共同富裕,打造共同富裕省级标杆案例。

相关政策支撑体系主要聚焦三大层面(见表5-1):一是在区域创新要素流动、协同与共享层面着力构建面向区域创新体系的协同创新政策体系;二是在产业创新层面聚焦产业间深度合作以及深度赋能的产业政策支撑体系;三是在企业创新层面聚焦各类大中小企业真正意义上构建要素共享、资源互补、能力协同、价值共创的融通创新共同体。最终,通过"区域—产业—企业"创新政策支撑体系最大限度地缩小区域创新发展差距,更好地实现产业间的跨界合作与创新,强化大中小企业的价值共创与

---

① 任晓刚,张再杰. 着力推进科技创新政策体系建设[EB/OL]. (2021-03-30)[2022-02-20]. https://theory.gmw.cn/2021-03/30/content_34726776.htm.

② 李海舰,杜爽. 推进共同富裕若干问题探析[J]. 改革,2021(12):1-15.

③ 刘培林,钱滔,黄先海,等. 共同富裕的内涵、实现路径与测度方法[J]. 管理世界,2021(8):117-129.

④ 浙江省自然资源厅.浙江高质量发展建设共同富裕示范区实施方案(2021—2025年)[EB/OL]. (2021-07-19)[2022-02-20]. http://www.zj.gov.cn/art/2021/7/19/art_1552628_59122844.html.

共享效应，在共同富裕视野下，为真正意义上的普惠式、包容性、开放合作式与共赢共益式的科技创新范式转型提供政策支持①。

表 5-1　共同富裕视角下创新治理相关政策体系设计

层面	政策支撑体系
区域创新层面	要素流动、协同与共享层面着力构建面向区域创新体系的协同创新政策体系
产业创新层面	聚焦产业间深度合作以及深度赋能的产业政策支撑体系
企业创新层面	聚焦各类大中小企业真正意义上构建要素共享、资源互补、能力协同、价值共创的融通创新共同体
结论	通过"区域—产业—企业"创新政策支撑体系最大限度地缩小区域创新发展差距，更好地实现产业间的跨界合作与创新，强化大中小企业的价值共创与共享效应，在共同富裕视野下，为真正意义上的普惠式、包容性、开放合作式与共赢共益式的科技创新范式转型提供政策支持

资料来源：陈劲，张月遥，阳镇. 共同富裕战略下企业创新范式的转型与重构［J］.科学学与科学技术管理，2022（2）:49-67.

（1）区域创新政策：构建区域创新要素共享与能力协同的区域创新政策支撑体系。在共同富裕视野下，创新战略导向更加强调缩小地区创新差距和经济发展差距，提高地区发展的均衡性。

（2）产业创新政策：构建跨产业合作与深度赋能的产业政策支撑体系。产业创新是支撑实现共同富裕进程中产业高质量发展的关键。产业创新在推动共同富裕目标实现及产业高质量发展过程中扮演着核心角色。在共同富裕的宏观框架下，一方面，产业科技创新政策导向强调面向不同产业之间的协调共享发展，包括广义上的第一产业、第二产业与第三产业协调发展，实现产业之间的协同互补效应，比如工业反哺农业、工业

---

① 陈劲，张月遥，阳镇. 共同富裕战略下企业创新范式的转型与重构［J］. 科学学与科学技术管理，2022（2）:49-67.

与服务业的深度融合发展;另一方面,更加强调同一产业内的细分产业,即强调产业上下游企业之间的深度合作,使产业链内的要素充分流动、共享,推动形成保障产业间协同与产业内协同的产业创新体系。

（3）企业创新政策:构建大中小企业与"国""民"共进的融通创新的政策支撑体系。改革开放以来,从微观企业的视角来看,企业间的创新合作在促进创新资源集聚和高效配置方面至关重要,也是企业加快实现知识与技术吸收、整合、扩散的重要模式。不足之处是,科技创新拉大了贫富差距。鉴于共同富裕的目标,政府在制定针对微观企业的创新政策时,应致力于构建和完善融通创新的政策框架。

二、推动向创新共享的普惠型政策导向转变

共同富裕战略背景下,面向企业创新政策的激励导向应削弱对某类企业的指向性扶持导向,转而重点关注某类企业的创新基础设施、知识产权保护相关的制度、营商环境优化等,聚焦产业面临的共性技术难题,为产业内企业打造具有普惠性的政策支撑环境,营造国有企业与民营企业创新资源共享、价值共创以及包容普惠发展的竞争中性式创新政策体系①。

在共同富裕视野下,科技创新政策的政策制定逻辑不再是聚焦特定创新主体的强激励属性,即通过系列产业政策、科技政策、金融政策与财税政策作用于特定创新主体,迅速提升某一类创新主体的技术创新能力,而是更加趋向于建构科技政策与经济政策、科技政策、社会发展以及科技

---

① 陈劲,张月遥,阳镇. 共同富裕战略下企业创新范式的转型与重构[J]. 科学学与科学技术管理,2022(2):49-67.

环境改善的协同耦合关系,更加强调科技政策的政府能力与市场配置资源的决定性作用相结合。不论是企业主导的科技创新,还是政府组织主导的科技创新,都应更多地偏向于涵盖市场逻辑与国家、社会逻辑的多重制度混合逻辑,迈向创新共享的普惠型政策转变。

三、进一步落实科技财税金融人才服务四大政策抓手

科技财税政策为促进科技创新政策体系建设提供了根本保障。一方面,通过财政支出的增加,加大对科技创新基地的支持力度,进而促进关键核心技术创新的瓶颈突破;另一方面,在财政支持的方式上进行创新设计,通过不同的财政投入方式来支持集成性技术创新问题的解决。

科技金融政策为促进科技创新政策体系建设提供了重要支撑。科技金融政策可以帮助科技导向型企业发掘恰当的金融服务模式,促进金融、科技的融合发展与科技创新要素的流动,在一定程度上优化了产业布局,实现了科技创新与金融的双向互动,有利于要素聚集。

科技人才政策为促进科技创新政策体系建设提供了关键保障。围绕如何招募科技创新人才、如何分配科技创新人才、如何管理科技创新人才、如何使用科技创新人才这四大核心问题,进行人才政策优化。通过健全科技人才吸引体系进而发现科技人才;通过本地培养机制塑造科技人才;通过打通流动渠道进而管理好科技人才;通过提升人才激励水平以及完善评价机制进而激励科技人才。这些措施为解决好最为关键的人才问题提供了新思路。此外,还需构建诚信体系,营造良好的科技创新环境,进而为构建长效激励机制提供有力保障。

科技服务为促进科技创新政策体系建设提供了重要推力。一方面,

数字化科技创新服务有利于互联网和移动终端将数字化对象、场景和服务三者进行有机整合,进而实现科技创新服务的数字化和移动终端化、普惠化。另一方面,建设大数据信用信息中心,从而推动发展基于大数据基础的信用信息整合及其开发平台,助力及时且准确全面地反映科技创新个人以及单位的信用状况,有效降低信用信息查询成本,输出全面准确的征信结果。

四、进一步加强开放式协同创新,主动参与全球创新治理

进一步理顺政产学研用的功能定位,推动开放式协同创新,消除阻碍科技成果转化的体制机制壁垒,充分发挥企业主体在创新决策、研发投入、技术集成、成果转化中的作用。

在全球经济治理体系改革以及构建国际经济合作与竞争并存的情景下,深度参与全球科技创新治理是必经的道路,也是构建新型国际关系、新型人类命运共同体的关键抓手。近年来,全球的科技创新治理格局出现较大变化,亟须我国通过发起"共同调整基金"和搭建"中国研发区"等相关措施,推动改革前进,助力我国实现战略突破和体系化的转型,整体提升我国在全球科技创新治理中的参与程度、能力与水平①。

"走出去"与"引进来"相结合,叠加区域开放创新综合试验,有针对性地减少对创新要素流动的管制,发挥在全球创新治理以及科技合作中的主动性,能在一定程度上增强政产学研用的能力以及开放式协同创新能力,进而实现科技的自立自强。

---

① 杨洋,李哲.我国深度参与全球科技创新治理需实现战略突破[J].科技中国,2021(9):14.

第六章

结　论

第一节　创新驱动共同富裕的模式总结

一、包容性创新模式

包容性创新能减轻社会对弱势群体的排斥，为其创造平等的创新活动机会，使弱势群体能够参与业绩良好企业的发展，从而实现共同富裕。基于包容性创新的共同富裕实现路径主要有以下四种：数字技术驱动的共同富裕发展模式、资源互补型的城乡一体化模式、生态协同型的特色化集群发展模式以及社会支持型的包容性创业模式。

数字技术是推动实现包容性创新和共同富裕的有效途径，它连接起供应链上下游的各个参与者，消灭"信息孤岛"，上联下接，减少了信息的不对称性；拓展了 BOP 群体的创业机会范围，促进其更快、更高效地进行创业活动。数字技术能准确定义劳动来源与知识产权，帮助劳动者获得与付出对等的回报，有效促进机会包容、参与包容与分享包容。同时，数字技术的发展还有力推进了乡村振兴战略的实施。随着新一代信息技术加快赋能农业农村，城乡数据要素共享，技术、资金、人才等资源要素在城乡之间产生良性互动，将实现农村自主创新与城市并行发展的良好局面。

资源互补型的城乡一体化模式密切了城乡之间的联系，信息交流、资源交换等活动得以广泛展开，有助于推动乡村振兴，为实现全体人民共同富裕夯实基础。资源互补型的城乡一体化模式能对村庄的产业进行合理规划，使其在保留特色的同时，又具备鲜明的时代气息。此模式能提升乡村的公共基础设施建设水平和公共服务的智能化水平，在实现城乡之间制度统一的基础上，进一步完善乡村的生态文明建设。此模式下典型的创业方式是建设绿色农业供应链，此举通过参与包容和分享包容，让农业产业末端的从业者充分享受产业链升级带来的红利，是推动城乡一体化和共同富裕的重要抓手。

生态协同型的特色化集群发展模式通过构建互动互助、集体行动的竞争—合作机制，增强产业集群的整体竞争力，促进共同富裕发展。特色化产业集群提供了让创新萌芽生长的土壤，在这种互联互通的环境中，各个公司能够分享专业知识和关键技能，交流实践体会与经验教训，因此，产业集群中的企业的创新成本较低，能有效激励包容性创新。产业集聚区存在众多的企业，它们之间并不单纯是对手或朋友的关系，而是两者兼而有之，由此出现了"优胜劣汰"的自然选择机制。这种有机互动的生态氛围能焕发出企业的创新热情、增强企业的创新能力，有效刺激企业创新和企业衍生，促进产业发展，实现共同富裕。

社会支持型的包容性创业模式为低收入群体创造创业机会和致富环境，增强其创业能力，使其享受创业成果。BOP 群体参与创业活动并从中获益,意味着社会劳动力最大化参与经济活动,还提升了 BOP 群体的满意感与幸福感,有力促进经济的可持续发展和社会的和谐稳定,是共同富裕的内在要求(见图6-1)。

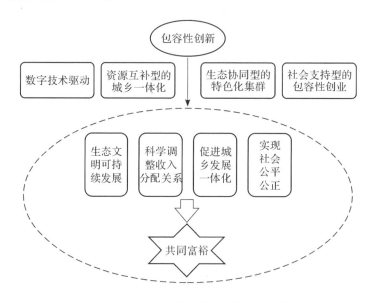

图6-1　包容性创新驱动共同富裕的典型模式

二、社会创新模式

社会创新是政府、社会和企业三元主体协同解决社会问题,满足社会未被满足需求的有效机制和实践形式,并日益成为一种全球性现象。社会创新实现共同富裕的三种主要模式分别是:利用数字技术建立平台,推动全民参与社会创新;通过知识整合、开放和共享,推动企业内创业以及社会创业;通过公私合作推动社会创新,实现扶贫、养老等共同富裕目标。

社会创新构建数字化信息支撑平台,为全民在线参与社会创新和助力实现共同富裕提供了便利的条件。如今,"互联网＋"意识深入人心,数字技术、数字技术设施、数字技术平台成为热点话题。社会创新能完善数字技术设施,由此产生的灵活、开放的数字平台及生态,极大地变革了社会主体的连接状况,加深了政府、企业与公众的联系,实现信息与需求的开放获取、开放生产,引领支撑人们更好地实现共同富裕。

企业通过知识整合、开放和共享,增强其社会创新能力,逐渐成为推动共同富裕的基础。知识整合可帮助企业实现与任务、技术相关的信息和经验的开放共享,解决问题或提出新想法。通过知识整合,企业对已获取的知识进行有效的识别、梳理、筛选和归类,并留存有用知识,获取完整的技术知识体系,生产优质产品和服务,推动企业内创业和社会创业的实施。

公私合作是指公共部门通过与私人部门(企业、社会资本等)建立伙伴关系来提供公共产品或服务的一种方式,是一种重要的机制创新。针对公共产品或服务,双方优势互补,实现生产效率的进一步提升,并且共担融资风险和责任,共享收益。PPP 模式的创新能够鼓励和引入大量的民间资本和社会资金,形成政府和社会资本、企业资本的有效合作,促进理念、信息、技术、管理等资源的合作互联,在精准扶贫中优化扶贫资源供给模式,如在应对人口老龄化方面形成政府、企业、公众合力养老助老的机制,推动共同富裕的实现(见图6-2)。

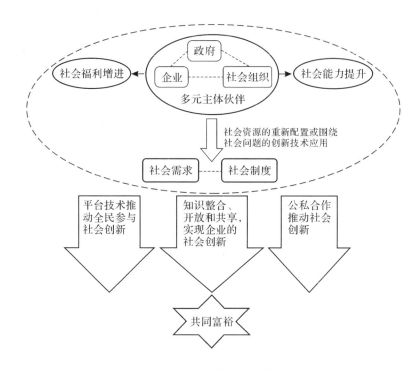

图 6-2　社会创新实现共同富裕的典型模式

三、创新生态模式

创新所需的各种资源难以从单一组织获取，为获取资源，有必要创造创新发展的合作网络，尤其是构建由企业、消费者和市场及其所处的自然、社会、经济环境组成的创新生态。在创新生态中，企业和企业之间、企业和政府之间、企业和中介服务组织之间的壁垒破除，实现资源共享、协同发展，大大促进各创新生态主体的效益提升，推动实现共同富裕。创新生态驱动共同富裕的实现机制有三种：供应链协同带动乡村振兴、创新产业聚集促进区域高质量发展、数据驱动平台赋能中小微企业。

供应链协同是实现共同富裕的助推器,能促进农业供应链转型、农村产业升级和农民就业增收,助力乡村振兴。创新生态中的供应商、制造商、消费者等主体构成了供应链的上下游,供应链协同有效减少了供应链上下游的信息不对称现象,促进信息快速、高效流动,实现农产品供销和需求数据从销售端到生产端的实时共享。此外,供应链协同还能带来大数据和人工智能等技术对农业生产的赋能,降低全供应链成本,构建智慧农业,促进农村产业的升级与完善。

在高质量发展中促进共同富裕是推进共同富裕的必由之路,而创新产业聚集有力促进了区域的高质量发展,缩小了地区间的贫富差距。通过产业聚集,各企业的人才、技术、资金、市场等要素得以充分流动,促进了企业间的交流互通,实现了技术、知识等多方面的相互补充。大企业能起到示范引领作用,小企业能以更低的成本学习新技术,企业形成良性的竞争—合作关系,共享发展成果。创新产业聚集还能创造就业机会,增强人才就业创业能力,有效实现中等收入群体的扩大和低收入群体收入水平的提高,推进共同富裕的实现。

数据驱动平台促进我国数字经济发展,对中小微企业的成长有着举足轻重的作用。我国中小微企业占全国经济市场主体的比重较大,它们在促进居民就业、增加居民收入等方面十分重要。数据驱动的创新生态能为生存压力较大的中小微企业提供政策、技术、人才、资金等支持,帮助企业获取多元知识和资源,助力其转型升级,创造更多经济收益(见图6-3)。

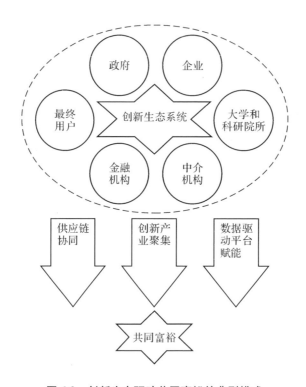

图 6-3　创新生态驱动共同富裕的典型模式

四、创新治理模式

创新治理促进共同富裕的典型模式主要有两种类型：一是以政府、企业、个人为创新主体，通过主体间的互动促进产业智能化升级及跨越式追赶，从而促进共同富裕；二是通过将创新定位为技术支撑和生产要素，围绕区域电商服务体系构建达成促进全产业协同发展，从而多维度推动共同富裕。

（一）创新治理促进共同富裕的典型模式一

以政府为主导推动的政府、企业、个人三大创新主体之间的良性互动,是创新治理促进共同富裕的典型模式之一。

政府作为创新治理的主要推动者,起着鼓励、引导、带动其他创新主体参加共同富裕建设的重要作用。企业作为创新的主体,在政府的引导下,坚持自主创新,实现产业追赶跨越,发挥示范带动效应,促进产业水平的整体提升。个人作为共同富裕的重要建设者,贯彻政府以创新支撑共同富裕的思想,贡献个人才智,接受并使用数字技术创新生产方式,提高生产力。三大主体在构建创新支撑的共同富裕建设过程中相互协作、互动,发挥出很强的协同效应。

(二)创新治理促进共同富裕的典型模式二

以创新治理驱动的区域电商服务体系建设模式促进了产业的高质量发展及电商服务平台体系协同效应发挥,从多维度促进了共同富裕。

第一产业的高质量发展,增加了当地农产品的销售收入,提升了品牌声誉,直接促进乡村振兴建设;第二产业的高质量发展,提升生产力,提高居民收入水平;第三产业的高质量发展,促进就业,同时优化了公共服务的基础设施。该模式下,当地经济发展质量及效益提高,共同富裕的物质基础巩固;缩小了城市和乡村之间的发展差距,提高了公共服务质量;环境得到保护,打造了美丽宜居的生活环境;共同富裕的理念得到多维度的展现。

第二节 创新驱动共同富裕的路径总结

本书探讨了包容性创新、社会创新、创新生态及创新治理四方面驱动共同富裕的路径(见图6-4)。

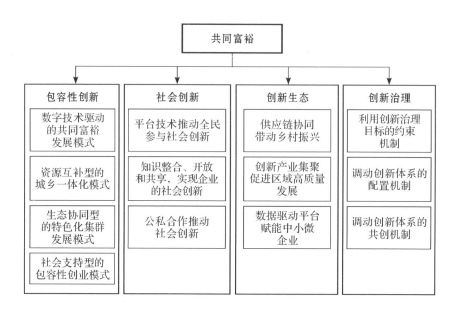

图6-4　创新驱动共同富裕的路径

一、包容性创新驱动共同富裕的路径

包容性创新让弱势群体避免受到其他社会群体的冷眼相待,创造机会平等的创新活动,让弱势群体有机会投身于高利润和高增长的企业发展,从而实现共同富裕。在理解包容性创新驱动共同富裕的路径时,首先要明确促进包容性创新的三支柱——机会包容、参与包容和分享包容。基于包容性创新的共同富裕实现路径主要有以下四种方式:数字技术驱动的共同富裕发展模式、资源互补型的城乡一体化模式、生态协同型的特色化集群发展模式以及社会支持型的包容性创业模式。

创新是共同富裕的必由之路,而数字技术又是进行包容性创新的有效方法。数字技术能够让 BOP 群体以更低的成本获得更丰富的信息,同时还为他们提升技能、寻得起步资金提供了高效且实用的途径,降低了他们参与价值创造活动的难度,为这一群体提供更优质的服务,促进这一群体提高生活质量,从而增强他们的自尊和自信,实现参与包容和分享包容,推动城乡之间的数据共享,促进资源要素在城乡之间融合渗透,助推乡村振兴,实现包容性创新。另外,数字技术属于先进且高效的技术,大力发展数字技术,提升企业与产业集群的数字化水平有利于推动企业与产业的智能发展、高效发展,切实增强核心竞争力,助力持久且高质量的发展。

城乡发展不平衡问题深深阻碍着共同富裕的实现,乡村振兴是实现共同富裕必经之路。要实现乡村振兴,不仅要巩固脱贫攻坚的成果,而且要迅速推进农业农村现代化,同时保证农村发展质量,提高城乡一体化。城乡一体化与乡村振兴的实现首先需要把握住"统筹谋划"和"顶层设计"这两个抓手,进一步完善城乡发展一体化的体制和机制,明确发展要可持续、高质量、高水平,遵循资源互补型的城乡一体化模式,发展技术密集型等高新产业,而非局限于资源密集型和劳动密集型产业。明确发展的底层逻辑后,应该从制度上保障城乡要素平等交换、双向流动,更大范围地推动乡村建设,推进以人为核心的新型城镇化,科学规划乡村发展,让公共基础设施建设和公共服务智能化更上一层楼。

我国的区域发展不平衡问题仍较严峻,较贫困地区的发展与脱贫有赖产业集群的发展和引领,产业扶贫能够为贫困地区注入巨大的活力和动力,有助于稳固脱贫攻坚的成果,并推动脱贫攻坚的深度发展。产业的发展离不开传统产业的有机升级,为此,需要因地制宜,借助资源优势形成产业优势,而不是"靠山吃山,靠海吃海"式地一味依赖资源。依赖资源的发展是不长久、不可复制、难以持续的,故应该脚踏实地发展产业实力与优势,探索生态协同型的特色化集群发展模式。

BOP 群体其实也能在商界迸发出无限活力,但迫于知识、经验的缺乏,该群体的商业潜能尤其是创业潜能很难被激发。倘若能将 BOP 群体的商业潜能转化为实际产出,不仅可以创造经济效应,而且能提高他们的生活质量,缓解和消除贫困。包容性创新注重程序公平和机会提供,有利于提高 BOP 群体的满足感与幸福感,能够为 BOP 群体谋取经济社会福利,是走向共同富裕的必经之路。社会可以通过技术创新和商业模式创新来满足 BOP 群体的内在需求,同时为 BOP 群体提供相应的培训并培养和利用其创业能力。

二、社会创新驱动共同富裕的路径

社会创新驱动共同富裕的机理是社会创新创造社会共享新价值、提升社群和利益相关者参与度、激发社会企业家精神、鼓励企业承担社会责任。首先,社会创新以社会价值为导向,满足人们的新需求,推动社会变革,助力社会新价值的产生,实现新价值共享,而社会创新活动的价值体现在创造公共价值并扩大公共利益。其次,社会创新实践将激发社会活力和创造力,从而促进社群、利益相关者乃至每个社会成员主动参与社会活动,形成更大的容纳群策群力的空间与社会合力。另外,社会创新能够激发社会企业家精神、鼓励企业承担社会责任。企业进行社会创新是其承担社会责任的一种体现,同时也是社会创业的基础。企业应该主动了解社会问题、调研社会需求,从中寻找市场机会,并不断创新与迭代产品、服务和技术,创造价值,在有益自身的同时,服务社会,践行社会责任。

社会创新实现共同富裕有三种主要路径：第一，平台技术推动全民参与社会创新；第二，知识整合、开放和共享，实现企业的社会创新；第三，公私合作推动社会创新。

首先，社会创新不能仅依靠政府、社会团体和企业，而是应该落实于每一位公民。共同富裕的实现也需要社会各方的全力协作，单有政府的推动并不足够，还需要市民的运作，即需要有政策引导与公众的支持和参与。而全民参与社会创新和助力共同富裕需要一定的设施基础和技术条件，高质量的信息化支撑平台能够优化公众的参与体验，从而提高公众持续参与的意愿。社会创新的平台技术能促进公众参与政府和社会机构的行动，能促进公众帮扶他人。其次，企业社会创新在整合、开放和共享过程中创造的知识资源是企业社会创新成功的重要无形资产。企业通过知识整合、开放和共享能够产生更丰富的知识资源，而充足的知识资源使优质的产品和服务变得触手可及，从而解决社会、经济和技术问题，促进社会创新及共同富裕。最后，公私合作是指公共部门通过与私人部门（企业、社会资本等）建立伙伴关系，从而提供公共产品或服务，是一种重要的机制创新。在促进共同富裕的目标下，公私合作最常见的作用就是多元化融资，减轻财政支出压力。在促进共同富裕的背景下，公私合作应该是社会各界更大范围、更广义的合作，不只在资金方面进行合作，更要在理念、信息、技术、管理等方面深入协作、相互成就。另外，公私合作的合作方式有多种，公司合作的模式可以应用于共同富裕的不同领域。

三、创新生态驱动共同富裕的路径

在创新生态中，企业和企业之间、企业和政府之间、企业和中介服务组织之间的壁垒减少,协同发展、资源共享大大促进各创新生态主体的效益提升,推动实现共同富裕。创新生态驱动共同富裕的实现机制有三种:供应链协同带动乡村振兴、创新产业聚集促进区域高质量发展、数据驱动平台赋能中小微企业。

我国仍存在较明显的区域、城乡发展不平衡问题,在这一背景下,共同富裕的实现离不开乡村振兴和精准扶贫脱贫。供应链协同即供应链主体通过协同配合,共同努力提高供应链整体的竞争力,是实现共同富裕的助推器,能够促进农业供应链转型、农村产业升级和农民就业增收,助力乡村振兴。其机理是供应链协同促使产品需求和供应信息在上下游之间快速流动,促进上游企业精准高效生产,保障产品的供给与销售,维持供应链的稳定发展。值得注意的是,创新生态为供应链协同营造了更加良好的政策环境、产业环境和竞争环境,以创新生态为基础的供应链协同能够更加充分调动上下游参与主体的发展活力,从整体上优化供应链表现,促进社会资源的合理配置。

供应链协同有助于缓解城乡发展不平衡的问题,而区域发展不平衡的问题需要通过创新产业聚集推动区域高质量发展来解决,构建高质量现代化产业集群为区域高质量发展奠定坚实基础,创新创业生态的培育与创新型产业集群发展相辅相成,在高质量发展中促进共同富裕是实现共同富裕的必要条件。既然产业集群是解决区域发展不平衡的重要途径,各地区应该根据自身资源优势和地域特色构建产业聚集地,推动产业集群的创新活动以及创新产业的聚集,加速区域高质量发展和缩小地区贫富差距,扩大中等收入群体规模和提高低收入群体收入水平。

中小微企业在增加就业岗位和居民收入、促进国内生产总值增长、税收发展等方面发挥着举足轻重的作用。为了更好地发挥中小微企业对实现共同富裕的促进作用,应该加快建设数据驱动平台,构建驱动中小微企业发展的创新生态,为中小微企业促进共同富裕发展提供更坚实的保障,从而促进我国数字经济发展,为建设高质量共同富裕注入源源不断的能量。

四、创新治理驱动共同富裕的路径

创新治理支撑并引领共同富裕。创新治理促进共同富裕的过程与"三次分配"的概念息息相关。首先,创新治理将提高初次分配的效率。初次分配侧重于生产要素在市场经济中的作用,以效率原则为基础,即按照各个生产要素的效率功能进行分配。其次,创新治理将提升二次分配的协调作用。二次分配指生产后政府利用税收和财政支出在不同的收入主体之间进行的再分配。最后,创新治理将支撑三次分配活动。三次分配甚至是四次、多次分配,主要通过高收入群体的慈善和公益援助来分配社会资源和社会财富,是对初次分配和再分配的有益补充,有助于缓解社会不平等,实现更合理的收入分配。

创新治理促进共同富裕依赖创新体系。创新体系包含了政治、经济、文化、社会层面和创新主体。主要的创新主体包括国家/政府、产学研主体、金融机构,创新主体功能的发挥有赖于合理的治理结构,创新主体由创新投入的人、财、物等创新要素集聚而成。

创新治理促进共同富裕的作用机制主要有三种:利用创新治理目标的约束机制、调动创新体系的配置机制、调动创新体系的共创机制。利用创新治理目标的约束机制主要指国家/政府等创新治理主体在设定治理目标和手段上与共同富裕兼容,驱动经济与社会高质量发展。调动创新体系的配置机制指多元主体履行职责、协同配合,强化要素资源的配置效应。调动创新体系的共创机制能够提升集体幸福感。

创新治理还应遵循激励相容原则与制度匹配原则。创新治理的政策设计需要兼容所有政策调节主体的利益,实现多方共赢,还需要符合政治、经济、社会、文化等层面的要求,并与共同富裕的目标和手段兼容,从而驱动经济与社会的高质量发展,强化要素资源的配置效应。

第三节　创新驱动共同富裕的政策总结

共同富裕的实现离不开每个企业与个体的奋斗,更离不开国家与政策的支持,本书探讨了包容性创新、社会创新、创新生态及创新治理四方面驱动共同富裕的政策建议。

包容性创新驱动共同富裕的政策主要从制度支持、普惠金融、创新培训、文化引导四个方面展开。首先,完善的制度能够为包容性创新提供良好的环境,为了推动包容性创新的持续发展,我国需要建立完善的包容性创新政策制度体系,制定并推广针对包容性创新的激励手段和政策措施,从统一规划协调、主体激励制度、资源支持制度三方面进一步推进共同富裕的进程。其次,共同富裕和金融领域脱贫攻坚离不开普惠金融。发展绿色普惠金融是新时代金融服务的鲜明主题,但发展绿色普惠金融困难重重,且存在一些机制方面的不足。绿色普惠金融的发展亟需路径规划和改造金融体系。为了进一步推进乡村振兴,落实精准脱贫,为小微企业、个体工商户、社会低收入群体提供可负担的金融服务,实现共同富裕,普惠金融在政策方面一是需要构建成本可负担、商业可持续的普惠金融长效机制;二是要为 BOP 群体定制个性化金融普惠方案;三是要持续打造数字普惠金融发展良好生态。再者,BOP 群体知识、经验、资金实力和心态有明显欠缺,因此,开展创新教育势在必行。但我国针对 BOP 群体开展的创新培训较缺乏,而且在授课教师的资质、课程设置等方面还不够系统、科学,形式也较为单一,难以满足需求。因此,在政策层面,一是需要认识到 BOP 群体的创新培训需求及其重要性,因人、因地制定适宜的培训内容。二是需要改善培训条件,更新学习方式,运用现代科技与数字化技术提高培训效率与效果。三是需要促进建立全国范围的包容性创新网络,鼓励政府、社会机构、企业与研究机构开展合作,自发建立针对 BOP 群体包容性创新的培训课程以及帮扶计划,丰富创新培训的形式,系统、全面地传授创新理论与创新知识。最后,包容性创新的顺利推进离不开文化支撑与环境支持,文化支撑与环境支持能够促进大众的包容性创新意识觉醒、优化包容性创新的效果,故应该树立包容性创新榜样,让文化宣传方式趋于多样化,营造鼓励创新、包容失败的文化环境。

社会创新驱动共同富裕的政策主要从加强公民教育、制度创新、加强监督力度三个方面展开。首先,我国社会对社会创新的认识还不足,"社会企业家"式个人典范也没有大量涌现,社会创新的程度不高,动力与参与性不足。在政府层面,应该加强公民教育,提升社会创新的参与度,促进多元主体形成合力,持续完善并优化政企民和非营利组织多主体合作参与的社会创新机制,充分调动民众共同致富的积极性。在企业层面,应当推动企业及管理者自觉树立社会创新意识,认识到创新的重要性与使命性,培养创新和创业精神以及社会责任感,并利用其资本、技术、人才和

创新驱动：实现共同富裕的必由之路

管理要素优势，在解决社会问题方面发挥自己的作用。在公民层面，应当培养社会成员的创新自觉性和创新能力，使每一位公民广泛参与社会创新实践，为社会、国家、民族输送具有创新理想、创新意识、创新能力、创新成果的社会创新领导者或社会企业家。其次，如前文所提，制度环境是促进创新的基本保障，科学、完善的制度能够为企业营造健康成长的环境，有利于强化广大企业家的创新精神、社会意识与社会责任感，从而发挥企业的引领作用，呼吁与鼓励更多的社会主体积极参与社会创新创业活动。我国对于企业社会创新的激励与保障制度仍需进一步完善与合理创新，故在法律和制度层面，要让企业家合法权益得到法律保障；在市场层面，要推动公平竞争与诚信经营；在社会层面，要激励企业家进行社会创新。最后，有效、充足的监督能够保障社会创新的资源得到有效配置与利用，从而提高社会创新的效率与有效性。故政府需要制定较为合理的社会创新评价体系，提高社会创新绩效；需要加大对社会创新的监管力度，加强信息公开，并积极鼓励公众共同监督网络社会创新项目，必要时委托第三方监管机构；还要坚持完善法制，合理合法地规定社会创新的相关事宜。

中国在5G、工业互联网、工业机器人等多个重点战略性新兴产业领域获得飞速发展，也形成了多个新的创新生态。然而，创新生态的构建并不是一蹴而就的，完善的政策体系更加有利于创新生态的构建与稳定运行。生态创新驱动共同富裕的政策主要从带动农村实现共同富裕、以制度性改革提升集群企业整体的创新能力、推动新兴技术赋能传统行业三个方面展开。首先，国内的发展不平衡不充分以及较大的城乡区域发展和收入差距要求政策保障促进产销链接，实现产业链、供应链、价值链的延长拓展，缩小农村和城市的差距，有助于农村实现共同富裕。一方面，政府可以通过建设共同富裕示范区推进城乡同步发展,努力缩小城乡差距。另一方面,政府应该从精准帮扶、融资担保、用能负担、用工成本、政府采购、出口支持等方面对大中小微企业予以支持,从而推动增强企业核心竞争力、提升发展活力,减小企业在新时代迎接新市场机会时承受的压力,促进经济的平稳运行与共同富裕的稳步实现。其次,完善的基础设施能够助力创新行为,使企业科技研发免受基础设施的制约,促进企业要素和资源的合理配置,提升集群企业整体的创新能力。故政府应该加大对基础设施的资金投入,满足企业生产研发对孵化地、研发地和配套设施的需求。最后,制度环境的改善有利于创新生态的发展进步,而当今时代科学技术的进步、发展与创新速度飞快,故政府应该加快制定与数字网络新技术、新业态的发展相适应的法律法规,并进行动态调整。同时,政府还应加大对企业的宣传与支持,加大对新兴技术的投入,提升企业的数字化水平,通过数据驱动共享信息资源以构建创新生态,为传统行业赋能,促进传统行业的发展。

科技创新政策针对国家创新体系不同维度形成了八类政策,分别是创新要素政策、创新主体政策、创新关联政策、产业创新政策、区域创新政策、创新环境政策、开放创新政策、系统反馈政策。创新治理驱动共同富裕的政策建议主要从以下四个方面展开。第一,在共同发挥政府与市场的作用方面,明确政府和市场在推动创新发展中的关系,通过优化科技与创新资源配置方式,促进公平、透明、有序、开放的市场竞争,增加激励创新的制度供给,改善营商环境,协调发挥中央和地方的积极性,形成合力。第二,在人才政策方面,进一步完善、落实和优化创新型人才政策,壮大企业创新群体,培育创新领跑者,降低政策门槛,加强部门间的政策协调,降低企业创新成本。第三,在产学研层面,明确产学研的功能定位,促进协同创新,增强原始创新能力,消除阻碍科技成果转化的体制机制壁垒,发挥企业在创新决策、研发投入、技术集成、成果产业化中的主体作用。第四,在开放包容与国际合作层面,扩大创新体系开放度,高效利用全球创新资源,通过坚持高水平"走出去"与"引进来"的有机结合,开展区域开放创新综合试验,适度放宽对创新要素流动的管控,主动参与国际科技合作和全球创新治理。

从包容性创新、社会创新、创新生态及创新治理着手,完善相关制度体系,营造更健康的制度环境,从而为共同富裕的实现之路铲除障碍,推动社会共同进步与发展。

第四节 创新驱动共同富裕的未来展望

2021年8月17日,习近平总书记在中央财经委员会第十次会议上强调:"党的十八大以来,党中央把逐步实现全体人民共同富裕摆在更加重要的位置上,采取有力措施保障和改善民生,打赢脱贫攻坚战,全面建成小康社会,为促进共同富裕创造了良好条件。我们正在向第二个百年奋斗目标迈进,适应我国社会主要矛盾的变化,更好满足人民日益增长的美好生活需要,必须把促进全体人民共同富裕作为为人民谋幸福的着力点,不断夯实党长期执政基础。"①

展望未来,在创新驱动发展战略的引领下,高质量发展将取得更大成

---

① 在高质量发展中促进共同富裕 统筹做好重大金融风险防范化解工作[N].人民日报,2021-08-18(1).

就,全要素生产力进一步提升,政企创新活动涌现,城乡一体、区域协调发展态势良好,人与自然和谐共生,共同富裕得以实现。

第一,高质量发展模式取得更大成就,促进共同富裕实现的机制进一步完善和发展,并且扫除了阻碍高质量发展的机制桎梏。

高质量发展是实现共同富裕的根本,创新是推动高质量发展的潜在动力。进入新时代,我国社会主要矛盾出现转变,而高质量发展则可有效解决该矛盾,加快共同富裕的实现进程。创新驱动发展战略围绕国家重大战略需求,整合优势科研力量,打造科技创新平台,促进科技资源的集聚与共享,有效解决"卡脖子"等关键核心技术难题。创新驱动发展战略也极大激发了企业的创新活力,有利于创新成果的落地和资本化,实现了创新链和产业链的整合。标杆企业示范作用强,能有效整合资源,与其他企业一起进行科学研究、应用推广和产品创新活动;中小企业通过加大创新开支,力图突破"卡脖子"技术,发展核心科技。以创新驱动推动共同富裕重大改革全面深化,促进社会财富的增长,以高质量发展驱动共同富裕的实现。

第二,由"要素驱动发展"转为"创新驱动发展",政府通过制度、政策、工作创新推动企业创新,企业自身进行科技、管理、制度创新,共促共同富裕的实现。

共同富裕的实现离不开政府、企业的共同努力。政府出台有利于企业创新的政策条例,完善财政金融支持制度,改变财政金融支持方式,加大对创新的资金支持,集中力量扶持关键技术的突破;进一步完善产、学、研一体化创新制度,打破政府、企业、高校、金融机构间的壁垒,促进人才、技术、资本相融合和产业链、创新链的整合。由此,作为创新主体的企业更有加大研发投入的积极性。企业通过创新人才选择、培养、激励制度，为人才创造良性的竞争—合作氛围，发挥人才创造力；创新了内部分配制度，促使利益分配向科技创新人员倾斜，调动其创新积极性；建立健全了技术储备制度，为企业持续提升创新能力和核心竞争力保驾护航。

第三，完善城乡一体化发展的制度体系，缩小城乡公共服务水平差距，实现城乡区域的协调发展。

通过深入实施创新驱动发展战略，统筹城乡发展，促进实现城乡一体化，让更多的城乡居民受益。乡村地区实施科技强农、机械强农行动，利用高新技术调整产业结构，促进地区产业现代化转型。在发展传统产业的同时，要大力发展战略性新兴产业，建立健全战略性新兴产业、服务业和农业三者协同发展的新型产业体系。乡村地区还应因地制宜地加强当地产业建设，引进一批有持续发展能力的、发展前景明晰的项目，努力培育产业集群，共助缩小城乡差距，促进城乡共同繁荣。

2022年1月，科技部、浙江省人民政府联合印发《推动高质量发展建设共同富裕示范区科技创新行动方案》，支持浙江在科技支撑共同富裕示范区建设方面打造支撑城乡区域协调发展的全域创新范例、树立科技赋能民生改善的领先标杆等四大全国典范。此举深化了科技体制改革，促进城乡协调进步，保持高质量发展动力，以科技创新造福百姓生活，力图解决我国现阶段的主要矛盾，以形成科创驱动共同富裕发展的范例。

第四，强化绿色低碳科技创新支撑，低碳、零碳及负碳关键技术研发与应用的推广，将全方位支持绿色生产和生活方式的转变。

在经济结构和技术条件没有显著改善的情况下，通过科技创新可以减轻由于节能减排等限制措施增强而限制经济增长空间的矛盾，对促进经济发展具有重要意义。在创新驱动发展战略的推动下,高技术含量的、碳排放量较少的、成本低廉的技术能促成传统工业发展方式的变化。政府、企业、科研院所等组织为了突破"卡脖子"技术障碍,大力推动减少碳排放量的高新技术研发。国家加大对现有绿色低碳技术的应用与推广力度,促进产业绿色转型;推动新型低碳产业发展;加强温室气体排放评估、核算等基础性研究;加快建设创新能力和示范体系;大力倡导简约适度、绿色低碳的生活方式,促进人与自然和谐共生。

后　记

　　本书由浙江大学管理学院创新创业与战略学系、浙江大学创新管理与持续竞争力研究中心研究团队合作撰写。具体分工如下:第一章和第六章由吴东撰写;第二章由杜健撰写;第三章由金珺撰写;第四章由黄灿撰写;第五章由郑刚撰写。

　　黄灿的研究撰写工作得到了国家社会科学基金项目(22&ZD154)的资助,吴东的研究工作得到了国家社会科学基金项目(21&ZD131)的资助,杜健的研究工作得到了国家自然基金面上项目(72072160)和浙江大学 – 香港理工大学"学科及学生发展支持基金"项目(ZUPUC – 202401IB)资助。

　　感谢浙江大学研究生百文晓、陈真真、谌于蓝、邓宛如、李猛、刘潭飞、刘禹彤、鲁婕、莫康、孙嘉悦、王晨宇、吴敏仪、杨玟、张宁、赵苑婷、周徐冰和朱国浩(按姓氏音序顺序排列)参与本书的撰写工作。

作　者

2025 年 1 月 3 日